Thüringer Wald

Kay Tschersich

**Karten-
Legende
auf den
Umschlag-
klappen**

KOMPASS

Wanderführer

Impressum

1. Auflage 2011 Verlagsnummer 5260 ISBN 978-3-85026-367-2

Text und Fotos: Kay Tschersich
Titelbild: Wanderer machen Rast auf dem Wanderweg.zum „Kickelhahn" (Foto: ullstein-Zentralbild/Ullstein Bild/picturedesk.com)
Bild S. 4/5: Bei Fischbach am Fuß des Inselsberges

Grafische Herstellung: wt-BuchTeam, Garching a.d.Alz
Wanderkartenausschnitte: © KOMPASS Karten GmbH

Alle Angaben und Routenbeschreibungen wurden nach bestem Wissen gemäß unserer derzeitigen Informationslage gemacht. Die Wanderungen wurden sehr sorgfältig ausgewählt und beschrieben, Schwierigkeiten werden im Text kurz angegeben. Es können jedoch Änderungen an Wegen und im aktuellen Naturzustand eintreten. Wanderer und alle Kartenbenützer müssen darauf achten, dass aufgrund ständiger Veränderungen die Wegzustände bezüglich Begehbarkeit sich nicht mit den Angaben in der Karte decken müssen. Bei der großen Fülle des bearbeiteten Materials sind daher vereinzelte Fehler und Unstimmigkeiten nicht vermeidbar. Die Verwendung dieses Führers erfolgt ausschließlich auf eigenes Risiko und auf eigene Gefahr, somit eigenverantwortlich. Eine Haftung für etwaige Unfälle oder Schäden jeder Art wird daher nicht übernommen. Für Berichtigungen und Verbesserungsvorschläge ist die Redaktion stets dankbar. Korrekturhinweise bitte an folgende Anschrift:

Walter Theil, Irmengardstr. 9, D-84518 Garching a.d.Alz
Tel.: 0049/(0)8634/689803, Fax: 0049/(0)8634/689804
info@wt-buchteam.de, www.wt-buchteam.de

KOMPASS-Karten GmbH, Kaplanstraße 2, A-6063 Rum/Innsbruck
Tel.: 0043/(0)512/2655610, Fax: 0043/(0)512/2655618
kompass@kompass.at, www.kompass.at

Kay Tschersich

Was macht den Thüringer Wald für Sie so besonders?

Das Gebirge kann mit endlosen Wäldern, farbenfrohen Bergwiesen, ausgedehnten Mooren, unglaublich artenreichen Tallandschaften und einigen atemberaubend aussichtsreichen Gipfeln aufwarten. Zudem ist die reiche Historie der Region bei vielen Wanderungen förmlich mit Händen zu greifen: Allein am Rennsteig lassen viele hundert uralte Grenzsteine Geschichte lebendig werden. Burgen, Klöster und Bergbauanlagen aus längst vergangenen Zeiten wollen entdeckt werden.

Vorwort

Mitten in Deutschland schlägt sein „Grünes Herz", dessen Naturschönheit keinem Geringeren als dem begeisterten Wanderer Goethe ein aktenkundig gewordenes: „Herrlich, überherrlich!" entlockte. Und tatsächlich ist Grün, hier dunkel-gedeckt, dort satt und strahlend die allgegenwärtige Farbe des Thüringer Waldes. Bis zum Horizont erstrecken sich die Nadelwälder, die weite Teile des Gebirges bedecken. Am Ufer der zahlreichen klaren Gewässer leuchten Moose und Farne mit der Sonne um die Wette. Blumen übersäte Wiesen und liebliche Lichtungen laden zur Rast ein – das Gebirge im Südwesten Thüringens verspricht Naturerleben pur!

Urige Dörfer und schöne Fachwerkorte wirken wie eingestreut in all das Grün. Sie locken mit Schloss- und Klosteranlagen, Museen, einer breiten Vielfalt von Freizeitangeboten oder einfach „nur" mit guter Thüringer Küche. Im engmaschigen Netz markierter Wanderwege kommt dem Rennsteig eine Sonderstellung zu. Der wohl bekannteste und älteste deutsche Fernwanderweg verbindet Thüringer Wald, Frankenwald und Thüringer Schiefergebirge und folgt über weite Strecken historischen Grenzverläufen. Schon Kelten, Germanen und Römer sollen ihn begangen haben. Als Kammweg führt er auch über den Inselsberg und passiert damit den ungekrönten König des Gebirges. Jeder, der von hier oben seinen Blick übers Thüringer Land schweifen lässt, hält inne und folgt dem Urteil des Wanderers Goethe über den Thüringer Wald: „Herrlich, überherrlich!".

Kay Tschersich

Wandern in Deutschlands grünem Herzen

Inhalt

Länge (in Kilometern)	Höhenmeter Aufstieg	Höhenmeter Abstieg	Parkplatz	öffentliche Verkehrsmittel	Aufstiegshilfe	Abstiegshilfe	Einkehr	Übernachtungsmöglichkeit	Gipfel	Schwindelfreiheit erforderlich	Kinderwagentauglich	Kinderfreundlich	Fahrradtauglich	kulturelle Highlights	für Allergiker geeignet	Bademöglichkeit	mit Panoramablick	Rundtour
13,5	330	330	●	●	–	–	●	●	●	–	–	●	–	●	○	–	●	●
19	300	300	●	●	–	–	●	●	–	–	–	●	–	●	○	–	–	●
19,5	315	315	●	–	–	–	●	–	–	–	–	●	–	●	○	–	–	●
19,25	330	330	●	●	–	–	●	–	●	–	–	●	–	●	○	●	●	●
11,5	280	280	●	●	–	–	●	–	●	–	–	●	–	–	○	–	●	●
15	325	325	●	●	–	–	●	●	●	–	–	●	–	●	○	–	●	●
8,75	120	120	●	●	–	–	●	–	●	–	–	●	–	–	○	–	●	●
15	325	325	●	●	–	–	●	●	–	–	○	●	○	●	○	●	–	●
17,75	430	430	●	●	–	–	●	●	●	–	–	●	–	–	○	–	●	●
16,5	270	270	●	●	–	–	●	●	–	–	○	●	○	●	○	–	●	●
13,75	300	300	●	●	–	–	●	–	–	–	–	●	–	●	○	●	●	●
21	140	510	●	●	–	–	●	–	–	–	●	●	●	–	○	●	–	–
12	270	270	●	●	–	–	●	●	–	–	–	●	–	●	○	–	–	●
13,25	303	303	●	●	–	–	●	○	–	–	–	●	–	–	○	●	–	●
12,75	375	375	●	●	–	–	●	–	●	○	–	○	–	–	○	–	●	●
12,5	250	250	●	●	–	–	●	–	–	–	–	●	–	●	○	–	–	●
9,5	230	230	●	●	–	–	●	●	–	–	–	●	–	●	○	–	–	●
11,25	275	275	●	●	–	–	●	●	–	–	○	●	○	●	○	–	–	●
16,25	240	240	●	●	–	–	●	●	–	–	–	●	–	●	○	–	●	●
11	546	546	●	●	–	–	●	●	●	–	–	○	–	●	○	–	●	●
9,75	137	137	●	●	–	–	●	●	●	–	●	●	●	–	○	–	●	●
12,25	410	410	●	●	–	–	●	●	●	–	–	●	–	–	○	–	●	●
22,5	649	481	●	●	–	–	●	●	●	–	–	●	–	●	○	–	●	–
16	290	290	●	●	–	–	●	●	●	–	○	●	●	●	○	–	●	●
15,25	438	438	●	●	–	–	●	●	●	–	–	●	–	●	○	–	●	●
12	270	270	●	●	–	–	●	–	–	–	–	●	–	●	○	–	–	●
16,5	339	339	●	●	–	–	●	–	●	–	–	●	–	–	○	●	–	●
18	300	495	●	●	–	–	●	●	–	–	○	●	●	●	○	–	●	–
13	390	380	●	●	–	–	●	–	–	○	–	●	–	●	○	–	●	–
14,25	340	320	●	●	–	–	●	–	–	–	–	●	–	●	○	–	●	–

● Schwierigkeitsgrad ● Ja ○ Bedingt – Nein

Das Gebiet

Der Thüringer Wald gehört gemeinsam mit dem benachbarten Thüringer Schiefergebirge zu den waldreichsten Regionen in Deutschland. Wie ein hoch aufragender Keil schiebt er sich im Südwesten Thüringens zwischen Werratal und Thüringer Becken. Nahe Eisenach im Nordwesten ist der Gebirgsrücken lediglich 7 km breit. Im Südosten, unweit von Neustadt am Rennsteig, geht der Thüringer Wald fast unmerklich in das geologisch und morphologisch andersartige Schiefergebirge über. Hier weist unsere Wanderregion immerhin eine Breite von 15 bis 20 km auf. Dazwischen erstreckt sich die Kammlinie etwa 75 km lang. Die beiden genannten Bergländer werden jedoch häufig auch unter dem Terminus Thüringer Wald zusammengefasst. Der vorliegende Wanderführer beschränkt sich allerdings auf das oben beschriebene Gebiet im engeren Sinne der Bezeichnung.

KOMPASS INFO

Ausgewählte Informationszentren des Naturparks Thüringer Wald:

Naturparkinformationszentrum Altenstein
36448 Bad Liebenstein/
Ortsteil Altenstein
Tel. 036961/33401

Rennsteigwanderhaus Hörschel, Naturpark- und Touristinfo
99817 Eisenach/Ortsteil Hörschel
Tel. 036928/91194

Naturparkinformationszentrum im Rennsteiggarten Oberhof
98557 Oberhof
Tel. 036842/22245

Naturpark- und Touristinfo Tabarz
99891 Tabarz
Theo-Neubauer-Park 3
Tel. 036259/61087

Naturparkinformationszentrum Vesser/Stutenhaus
98711 Vesser
Tel. 036782/6710

Zwar verdankt das Mittelgebirge seine Entstehung genau wir die Alpen oder der Himalaya der alpidischen Plattenkollision vor vielen Jahrmillionen, doch reichen auch seine höchsten Erhebungen nicht über die 1000er-Marke hinaus. Immerhin kann der Große Beerberg, der höchste Gipfel des Thüringer Waldes, auf 983 m und der Schneekopf auf 978 m verweisen. Durch Addition der Höhe seines Aussichtsturmes „erschummelt“ sich letzterer gar eine prestigeträchtige – allerdings inoffizielle – vierstellige (1001,125 m) Notation.

Die erwähnte alpidische Hebung im Tertiär beförderte durch den gewaltigen Druck in der Erdkruste ausgesprochen alte Gesteine an die Oberfläche, die einst durch die variskische Gebirgsbildung im Karbon entstanden waren. Aus diesem Grund dominiert heute im Thüringer Wald neben Graniten und Gneisen vor allem das Rotliegende (rötliches Sedimentgestein) das geologische Erscheinungsbild. Über dieser bis zu

Nahe des Inselsberggipfels – der Aussichtspunkt Wartburgblick.

2000 m mächtigen Schicht lagern häufig die für die Thüringer Bergbaugeschichte wichtigen Kupferschiefervorkommen.

Anders als das Schiefergebirge stellt sich der Thüringer Wald als ein typisches Kammrückengebirge dar, dessen einstige Gestalt durch die nagende Erosionskraft des Wassers stark zergliedert worden ist. Vom Hauptgrat strömen Bäche und Flüsse in teils tief eingeschnittenen Tälern der Werra oder dem Thüringer Becken zu. Beim Dreistromstein nahe Siegmundsburg, bereits jenseits des Übergangs zum Schiefergebirge gelegen, befindet sich die Wasserscheide von gleich drei großen Flusssystemen: Elbe, Weser und Rhein. Auch als Wetterscheide spielt der Thüringer Wald eine wichtige Rolle, liegt doch das Thüringer Becken im Regenschatten der Gebirgsbarriere. Verglichen mit der regenreichen Kammregion fallen hier nur knapp halb so viele Niederschläge.

Natur

Der dänische Schriftsteller Martin Andersen Nexö befand nach einem Besuch des Gebirges über dessen Waldreichtum, dass hier „jeder Mensch auf Erden seinen eigenen Weihnachtsbaum kriegen könnte". Und tatsächlich breiten sich rauschende Fichtenwälder so weit das Auge reicht über die Region. Im Mittelalter allerdings bestimmten hier, wie auch in anderen deutschen Mittelgebirgen, vor allem die ausgedehnten Eichen-Buchen-Mischwälder die Szenerie. In den höher gelegenen Regionen über ca. 600 m waren insbesondere Vergesellschaftungen von Fichten, Tannen und Buchen anzutreffen. Auf die dichten Laubwälder des Gebietes verweist auch überdeutlich die alte Bezeichnung des Gebirges als Loibe. Sie leitet sich vom althochdeutschen loub („Laub") her.

Eisen- und Kupfererzfunde leiteten hier wie auch andernorts großflächige Abholzungen ein – der Rohstoff wurde zu Holzkohle verarbeitet und in der Metallverhüttung eingesetzt oder als Baumaterial verwendet. Auch das später einsetzende Glasbläsergewerbe – schließlich erfand man hier die Weihnachtsbaumkugeln – trug zum Raubbau an den einst dichten Wäldern bei. Gegen Ende des 18. Jahrhunderts wurde die Notwendigkeit einer planmäßigen Wiederaufforstung offensichtlich, wobei man sich aus ökonomischen Beweggründen für die schnellwüchsige Fichte entschied, die der bestimmende Hochwaldvertreter geblieben ist.

Trotzdem bestechen vor allem im westlichen Gebirgsteil bis zur Region um den Inselsberg auch heute ausgedehnte Bergmischwälder bestehend vor allem aus Eiche, Buche, Bergahorn, Bergulme, Fichte und Tanne mit ihrer Artenvielfalt. Eine große Zahl von Bergwiesen, wie die Eberts- oder die Weidensuhlwiese, bieten das Refugium für bunte Blütenpracht. Arnika und Bärwurz, Waldstorchschnabel und Trollblume sind hier zu Hause. Insbesondere in den regenreichen Hochlagen treten gehäuft Moore mit einer ganz typischen Vegetation aus Sonnentau, Moosbeere und Wollgras auf.

Nicht selten passiert der Wanderer in den Fichtenforsten des Gebirges die beeindruckenden und bis zu zwei Meter hohen Bauten der Roten Waldameise. Mit Glück sind an einigen Standorten Feuersalamander und Erdkröte zu entdecken, häufiger begegnet man Blindschleiche und Waldeidechse. Fuchs-, Rot-, Reh-, Dam- und Schwarzwild können vor allem in der Dämmerungszeit gesichtet werden. Seltene, und deshalb zumeist unsichtbare, Bewohner des Thüringer Waldes sind Dachs, Marder und Wildkatze.

Naturpark Thüringer Wald und Biosphärenreservat Vessertal

Der Naturpark gehört mit seinen knapp 2100 km² zu den großen Schutzgebieten in Deutschland. Er wurde 1990 eingerichtet und umfasst bis auf geringe territoriale Ausnahmen den gesamten Thüringer Wald. Außerdem werden auch weite Teile des Schiefergebirges mit eingeschlossen. Fünfzehn Informationszentren in allen Teilen des Parks vermitteln durch Ausstellungen und weitere Angebote Wissenswertes über die Region (www.naturpark-thueringer-wald.de).

Mitten im Naturpark, im Städtedreieck Suhl, Ilmenau und Schleusingen, befindet sich mit dem 170 km² großen Biosphärenreservat Vessertal – Thüringer Wald ein ökologisches Kleinod des Mittelgebirges. Im Jahre 1979 wurde es als eines der beiden ersten Reservate Deutschlands unter den Schutz der UNESCO gestellt. Das Gütesiegel „Biosphärenreservat“ vergab die UN-Organisation bisher lediglich 500-mal weltweit. Aufgabe dieser besonders geschützten Areale ist es, Modellregionen zu schaffen, in denen ein bestmöglicher Ausgleich der Interessen von Mensch und Natur angestrebt wird. Großes Augenmerk wird hier u. a. auf die Bewahrung der Freiflächen im Gebiet gelegt – immerhin bedecken die besonders artenreichen Wiesen fast 10 % des Reservates. Voraussetzung für die weitere Offenhaltung des Geländes ist dessen jährliche Mahd, bei der die Verwaltung die Landwirte unterstützt. Eine Zonierung in Kern-, Pflege- und Entwicklungszone regelt die unterschiedliche Intensität menschlicher Eingriffe in natürliche Prozesse.

Neben Wäldern, Wiesen und Weiden, Mooren und einer Vielzahl von Gewässern befinden sich mit dem Großen Beerberg, dem Schneekopf und dem Großen Finsterberg auch die höchsten Gipfel Thüringens im Schutzgebiet. Diese große Vielfalt der Landschaftsformen auf engstem Raum erklärt auch die große Zahl der bisher nachgewiesenen 3600 Tier-, Pflanzen- und Pilzarten.

Der Rennsteig

Auf 168,3 km (neue Messung: 169,3 km) lenkt wie eh und jeh das weiße „R" als durchgehende Markierung den Schritt des Wanderers. Liebevoll wird die Kennzeichnung auch Mareile genannt, eine Bezeichnung, die in die Zeit der beginnenden touristischen Erschließung des Rennsteigs verweist. Die junge, knapp zwanzigjährige Försterstochter Marie entzückte Rennsteigpioniere wie August Trinius und Alfred Roßner offenbar so, dass die Koseform ihres Namens ab 1890 als Synonym für das allgegenwärtige „R" Verwendung fand. Im gleichen Jahr veröffentlichte der Journalist und Reiseautor Trinius auch sein epochales Rennsteigbuch, das für eine ungeheure Popularität des Weges zwischen Hörschel an der Werra und Blankenstein an der Saale sorgte. Das wilhelminische Bildungsbürgertum entdeckte das Wandern! Fortan setzte eine bis in unsere Tage andauernde ungestüme touristische Entwicklung ein – aktuell wandern hier jährlich mehr als 100.000 Naturfreunde. Festgelegt wurde der bis heute weitgehend gültige Verlauf übrigens bereits 60 Jahre früher durch den Offizier und Topographen Julius von Plänker.

Obwohl als wichtiger Kammweg sicher von höherem Alter, datiert die Ersterwähnung in einer Schmalkaldener Urkunde als Rynnestig aus dem Jahre 1330. Die Wortbestandteile leiten ihre etymologischen Wurzeln wohl von den Bewegungsverben „rinnen, rennen" und der Umschreibung eines steil ansteigenden Pfades („Steig") her. Die Bedeutung des Rennsteigs als Grenz-, Kurier- und Botenweg muss auch in den nachfolgenden Jahrhunderten enorm gewesen sein, lagen doch zeitweise rund ein Dutzend großer, kleiner und kleinster Herrschaften in seinem „Einzugsgebiet". Historische Zeugen dieser auch für deutsche Verhältnisse wohl nahezu unübertroffenen administrativen Zersplitterung sind hunderte eindrucksvoller Grenzsteine, die den Wanderweg säumen. Besondere Bedeutung kommt den Dreiherrensteinen zu, die jeweils ein Dreiländereck markierten.

Die letzten Grenzen fielen endlich im Jahr der deutschen Wiedervereinigung. Im April 1990 öffneten sich auch am Rennsteig die Schlagbäume, nachdem mehr als ein halbes Jahrhundert lang keine durchgängige Begehung mehr möglich gewesen war.

Die Rennsteigmarkierung, liebevoll Mareile genannt.

Orte und Sehenswürdigkeiten

Brotterode
Brotterode liegt in idyllischer Tallandschaft am Fuße des Inselsberges, ist ein Wanderparadies und gilt als eine Wiege des Thüringischen Wintersportes.
Gästeinformation Brotterode, Tel. 036840/3333, www.brotterode.com

Eisenach
Die heilige Elisabeth, Georg Ph. Telemann, Fritz Reuter, Johann S. Bach, natürlich Martin Luther und viele andere haben in der faszinierenden Stadt von Wartburg, Burschenschaftsdenkmal und Drachenschlucht ihre Spuren hinterlassen.
Touristinformation Eisenach, Tel. 03691/79230

Elgersburg
Eine mächtige Burg prägt das Erscheinungsbild des kleinen Erholungsortes am Fuß der Hohen Warte.
Tourismus-Agentur Geratal, Tel. 03677/792220, www.elgersburg.com

Friedrichroda
Der Kurort besticht durch eine Fülle von Wandermöglichkeiten. Unweit des Kurparks befindet sich die eindrucksvolle Marienglashöhle.
Kur- und Tourismusamt Friedrichroda, Tel. 03623/33200, www.friedrichroda.info

Ilmenau
Liebevoll restauriertes Städtchen, in dem Goethe nicht weniger als 28-mal weilte. Insbesondere der Markt mit dem Goethestadt-Museum sind sehr sehenswert.
Ilmenau-Info, Tel. 03677/600300, www.ilmenau.de

Neustadt am Rennsteig
Der Rennsteig verläuft mitten durch den Ort, doch nicht nur Wanderer lädt hier das informative Rennsteigmuseum zu einem Besuch ein.
Rennsteig-Information, Tel. 036781/23778, www.neustadtamrennsteig.de

Oberhof
Das (!) Thüringer Wintersportzentrum mit einer breiten Palette an Freizeit- und Wandermöglichkeiten sowie dem nahen Rennsteiggarten.
Oberhof-Information, Tel. 036842/2690, www.oberhof.de

Ruhla
Das ausgesprochen pittoreske Fachwerkstädtchen mit reicher Uhrmachertradition lockt mit einer ganzen Reihe von Sehenswürdigkeiten.
Naturpark- und Touristinformation, Tel. 036929/89013, www.ruhla.de

Stützerbach
An die häufigen Besuche Goethes in dem schönen Luftkurort erinnert das liebevoll ausgestaltete Goethehaus.
Gästeinformation Stützerbach, Tel. 036784/50211, www.stuetzerbach.de

Suhl
Mit 40000 Einwohner die größte Stadt Südthüringens mitten im Thüringer Wald. Über die traditionsreiche Herstellung von Feuerwaffen informiert das Waffenmuseum.
Touristinformation Suhl, Tel. 03681/720052, www.suhl-tourismus.de

Inselsberg
Mit 916,5 m ist der Inselsberg zwar nur der vierthöchste Gipfel des Thüringer Waldes, weithin sichtbar dominiert er jedoch den Gebirgskamm. Das Panorama von ganz oben ist atemberaubend. Auch an Einkehrmöglichkeiten besteht kein Mangel, schließlich sorgt gleich ein Dreierensemble für das leibliche Wohl der Rennsteigwanderer. Die Vielzahl der Gasthäuser erklärt sich durch den historischen Grenzverlauf über das Plateau (z. B. zwischen Sachsen-Gotha und Hessen bzw. Preußen) – die Beamten jeder Seite wollten natürlich in ihrem eigenen Gasthof speisen.

Marienglashöhle
Das Schaubergwerk bei Friedrichroda beherbergt mit der Marienglashöhle eine der wohl schönsten Kristallgrotten Europas. Ab dem 18. Jahrhundert wurde hier neben Gips auch Gipskristall abgebaut. Da sich die dünnen, durchsichtigen Kristallplatten wegen ihres feinen Perlmuttglanzes auch gut zur Verzierung von Altären, Gemälden und anderen sakralen Gegenständen eigneten, bezeichnete man das Material wegen diesem Bezug zur Gottesmutter bald als Marienglas. Schon seit Anfang des 20. Jahrhunderts kann die Anlage nun als Schaubergwerk im Rahmen einer Führung besucht werden. (April – Okt.: 9–17 Uhr, Nov. – März: 9–16 Uhr)

Erlebnispark mini-a-thür
Eine Thüringenvisite der besonderen Art erwartet die Besucher des mini-a-thür-Erlebnisparks bei Ruhla. In der idyllischen Anlage mit einer Fläche von 18.000 m^2 werden Modelle einer großen Zahl kulturhistorisch bedeutender Bauten des Freistaates präsentiert. Sie wurden liebevoll im Maßstab 1:25 gefertigt und überraschen durch ihre Detailgenauigkeit. Allein beim Nachbau des Schlosses Wilhelmsburg fanden 64.000 winzige Dachziegel Verwendung. Seit dem Saisonstart 2011 sind erstmals 100 Kopien auf dem Gelände zu bewundern. (www.mini-a-thür.de)

Rennsteiggarten
Nahe Oberhof bietet sich der Besuch einer einmaligen Anlage an: Im Rennsteiggarten grünen und blühen etwa 4000 Gebirgspflanzen um die Wette. Mit diesem botanischen Reichtum von (fast) allen Kontinenten ist das Gelände der größte und artenreichste Alpingarten in Deutschland. Ein ausgedehntes Wegenetz erschließt die sieben Hektar große Anlage am 868 m hohen Pfanntalskopf. Aufgrund der Höhenlage, der Jahresdurchschnittstemperatur von etwa 4 °C und den hohen Niederschlagsmengen gedeiht die Gebirgsflora hier besonders gut. (www.rennsteiggartenoberhof.de)

Wartburg
Hoch über Eisenach thront weithin sichtbar ein deutsches Nationalheiligtum. Vor allem die Wartburgfeste der studentischen Burschenschaften machten das Bauwerk im 19. Jahrhundert zu einer Ikone der nationalen Einheit. Und natürlich sind da noch Martin Luther, der hier als Junker Jörg seine berühmte Bibelübersetzung verfertigte, und die Thüringer Landespatronin Elisabeth, welche im 13. Jahrhundert in den uralten Mauern wirkte. Der Gründungsmythos der Wartburg führt noch weiter zurück und ist mit Ludwig dem Springer verbunden. Ein Besuch ist ein Muss!

Unsere schönsten Touren

Legende

- Kilometerangabe
- Höhenmeter (Auf- und Abstieg)
- Gehzeit
- Für Kinder geeignet
- Einkehrmöglichkeit
- Bergbahn/Gondel
- Sessellift
- Wichtige Information
- KOMPASS Highlight

Kartenlegende auf den Umschlagklappen

Fünf interessante Highlights zu ganz unterschiedlichen und abwechslungsreichen Natur- und Wanderzielen:

Tour 3: Vom Großen Dreiherrenstein wandern wir hinab ins Schortetal. Dann umfängt uns das dichte, naturbelassene Grün des Marktals in der Kernzone des Biosphärenreservats.
Tour 8: Das idyllische Vessertal, eines der schönsten in Thüringen, leitet über zum Aufstieg in Richtung des traditionsreichen Stutenhauses.
Tour 15: Verwachsene und steile Wurzelpfade erklimmen atemberaubende Aussichtsfelsen hoch über Oberschönau im Kanzlersgrund.
Tour 23: Spektakuläre Panoramen rund um den Inselsberg prägen den Rennsteigabschnitt zwischen Ruhla und Brotterode.
Tour 29: Wartburg, Landgrafenschlucht, Großer Drachenstein und Burschenschaftsdenkmal – vereint auf dreizehn Wanderkilometern in und um Eisenach.

Schwierigkeitsbewertung

Blau
Leichtere Wanderungen ohne größere Steigungen, die aber teilweise auch auf schmalen, steinigen und wurzeligen Pfaden verlaufen. Auch steile An- und Abstiege sind möglich.

Rot
Wanderungen mit mehr als 550 Gesamthöhenmetern (An- und Abstiege) und/oder schwierigeren Kurzpassagen bzw. langen Wurzelpfadabschnitten.

Schwarz
Ganztageswanderungen mit mehr als 800 Gesamthöhenmetern bzw. Touren mit sehr anspruchsvollen Passagen.

1. Gehren – Schobsemühle

Über den Brandkopf ins Schobsetal

Ausgangspunkt: Der Parkplatz vor der Schlossruine Gehren. Anfahrt auf der B 88 | **Bahn:** nein | **Bus:** IOV-Bus 303, 304, 305, 306 | **Charakter:** Breite Waldwege, schmale Wurzelpfade und einige kurze steilere Abschnitte bestimmen den Tourencharakter **Einkehr:** Am Ausgangspunkt in Gehren und im Waldhotel „Schobsetal" (täglich 12–21 Uhr). Etwas abseits des Weges liegt das Gasthaus „Carl-Marien-Höhe" | **Karte:** KOMPASS Nr. 813

Mittel | 13,5 km | 330 hm / 330 hm | 3:15 Std.

Eine sehenswerte Schlossruine, die weit reichende Fernsicht vom Brandkopf, eine gemütliche Einkehrmöglichkeit unterwegs und viel, viel Wald prägen die schöne Rundwanderung. In der Kleinstadt Gehren, gelegen am Zusammenfluss von Schobse und Wohlrose, sind vor allem die mächtige Stadtkirche St. Michael und die Ruine des 1933 ausgebrannten Schlosses von Interesse.

Vom Parkplatz vor der Schlossruine **Gehren** aus laufen wir auf der Großbreitenbacher Straße bis zur Brandstraße, in die unsere Tour rechts einschwenkt. Geradeaus gehend werden alle abzweigenden Wege und Straßen ignoriert. Schließlich ist auch der Wald erreicht, wo die Wanderung bald auf die neue ICE-Trasse trifft, deren bauliche Fertigstellung 2011 die Wegführung beeinträchtigen könnte. Endlich stößt die Route auf den Wanderabzweig unterhalb des **Brandkopf**. Den Gipfelabstecher (rund 70 Höhenmeter) sollte man sich nicht nehmen lassen. Am Wegweiser halten wir uns geradeaus und können gleich darauf vom Gipfel aus den Blick weit über

KOMPASS INFO

Das Gehrener Schloss

Einst verlieh der Sommersitz der Fürsten von Schwarzburg-Sondershausen der Kleinstadt die Aura einer glamourösen Residenz. Am 11. September 1933 verursachten defekte Schornsteine und mangelnder Brandschutz in dem alten Gemäuer eine ungeheure Feuersbrunst, die das Bauwerk vollkommen ausgebrannt zurückließ. Fehlende Finanzmittel zwangen die Stadt schließlich Anfang der vierziger Jahre zum Abriss der meisten Gebäudeteile, so dass heute nur noch ein Bruchteil der ursprünglichen Anlage besichtigt werden kann.

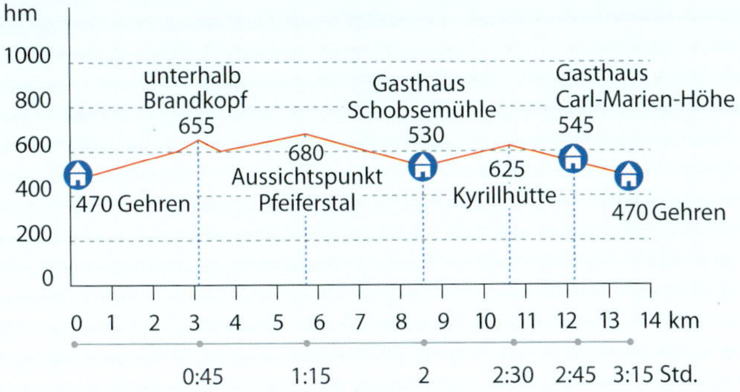

die Gehrener Flur schweifen lassen. Zurück am Beginn des Aufstiegs wenden wir uns nach rechts und erklimmen bald die aussichtsreiche Sitzgruppe „**Pfeiferstal**". Nur 300 m weiter hält sich die Wanderung an einer markanten Wegeverzweigung rechts in Richtung „Hassbachtal". Dieses ist beim nächsten Richtungszeiger erreicht und der Hassbach leitet uns hinab zur **Schobsemühle** und ins Schobsetal. Direkt beim gleichnamigen Gasthaus und Hotel überqueren wir die Brücke, wenden uns danach (!) auf der Straße nach links und biegen 150 Asphaltmeter weiter auf einen schmalen Pfad steil bergauf zum Hexenstein ein. Weit oben am Hang schwenken wir an einem Querweg nach rechts („**Kyrillhütte**"). Etwas später, an einer Kreuzung befestigter Wege, biegt die Wanderung rechts abwärts ein und passiert die genannte Hütte. An der Wegeverzweigung „Am Albertstein" halten wir uns rechts, an der T-Kreuzung 1 km weiter allerdings links (Wendet man sich hier nach rechts, findet man das schön gelegene **Gasthaus „Carl-Marien-Höhe"** vor.) Die große Kreuzung unterhalb überschreitet unsere Route gerade („Gehren Zentrum") und gelangt so bald zum Ausgangsort zurück.

Blick auf Gehren vom Brandkopf.

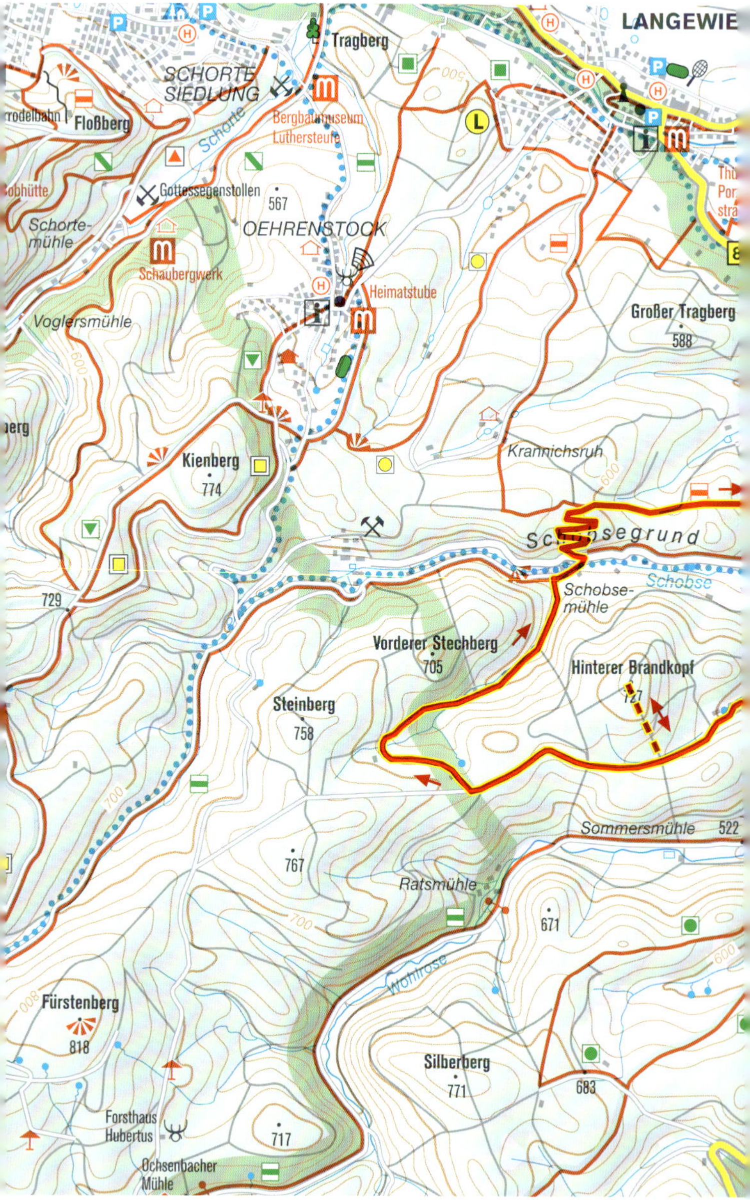
LANGEWIE
Tragberg
SCHORTE
SIEDLUNG
Bergbaumuseum
Luthersteufe
Floßberg
Schorte
Gottessegenstollen
567
OEHRENSTOCK
Schorte-
mühle
Schaubergwerk
Heimatstube
Voglersmühle
Großer Tragberg
588
Kienberg
774
Krannichsruh
Schobsegrund
729
Schobse-
mühle
Schobse
Vorderer Stechberg
705
Hinterer Brandkopf
727
Steinberg
758
Sommersmühle
522
767
Ratsmühle
671
Wohlrose
Fürstenberg
818
Silberberg
771
683
Forsthaus
Hubertus
717
Ochsenbacher
Mühle
0
500 m

Herren-
teiche
Ilm
426
Zweizapfen-
teich
Esbachteich
Wohlrose
Lohme
Seerose
Sorger Teich
495
88
Klassikerstraße
Deutsche
Spielzeugstraße
Heimatstube
JESUBORN
GEHREN
Friedenshöhe
545
481
START
Park
Mittel-
schobser Mühle
Blockhaus
590
Thüringer
Porzellanstraße
564
Mylius-
Rundwander-
weg
783
Möhrenbach
Trimmpfad
Langer Berg
ehem. Brau
Nattermühle
Heimatmuseum
Stiefelkopf
Höhenblick
807
809
Willmersdorf
Tunnel Silberberg in Bau
582
NSG
Gillersdorf
Friedersdorf

2. Neustadt am Rennsteig – Möhrenbach

Zwischen Thüringer Wald und Schiefergebirge

Ausgangspunkt: Rennsteigmuseum in Neustadt. Anfahrt auf der B 4 bis Stützerbach, bzw. der B 88 bis Gehren, dann nach Neustadt | **Bahn:** nein | **Bus:** IOV-Bus 304 | **Charakter:** Stille Waldpfade und (streckenweise asphaltierte) Wege leiten uns durch ausgedehnte Waldgebiete und vorbei am Idyll des Höllteiches ins Wohlrosetal | **Einkehr:** In Neustadt, in Möhrenbach **Karte:** KOMPASS Nr. 813

Leicht | 19 km | 300 hm 300 hm | 4:45 Std.

Die Wanderung verbindet das sehr informative Rennsteigmuseum in Neustadt (mit Informationen zu den traditionellen Handwerken Köhlerei und Zunderschwammherstellung, Mo–Fr 10–16 Uhr) mit dem idyllisch gelegenen Möhrenbach. Im Wohlrosetal kehren wir zurück.

Vom Museum im Zentrum von **Neustadt** gehen wir in Richtung „Großbreitenbach" und schwenken beim Wegweiser an der Bushaltestelle halblinks („Rosensbank") ein. Diese „Bank der Versöhnung" – zwei Ringe symbolisieren den schönen Ansatz – passieren wir bald und laufen geradeaus („Rehmhügel") weiter. Wenig später folgt die Route der Linkskurve des Hauptweges und lässt den etwas abseits gelegenen **Edelmannskopf** links liegen. Abwärts gelangen wir endlich zum schönen Höllteich mit Schutzhütte und gehen nun auf breitem Wege links des Gewässers („Rehmhügel") weiter. An der nahen Gabelung hält sich die Tour links und überquert bald darauf abwärts führend eine Forststraße bei einem Unterstand gerade. An der Verzweigung 100 m weiter bleiben wir entsprechend der Beschilderung auf dem Hauptweg. Nach einiger Zeit überschreitet die Route bei einer Lichtung/Wiederaufforstungszone eine große **Kreuzung**, biegt aber am gegenüberliegenden Waldrand (!) links abwärts ein („Möhrenbach"). Nach 700 m wird im Talgrund die Kreuzung „Pechhütte" erreicht. Hier verlassen wir den Wirtschaftsweg und gehen geradeaus auf dem Waldweg bergan (nicht rechts). Bald senkt sich die Wanderstrecke wieder, quert eine Forststraße gerade und ignoriert die Abzweige einige Meter weiter. Wenig später orientiert sich der Fahrweg nach links

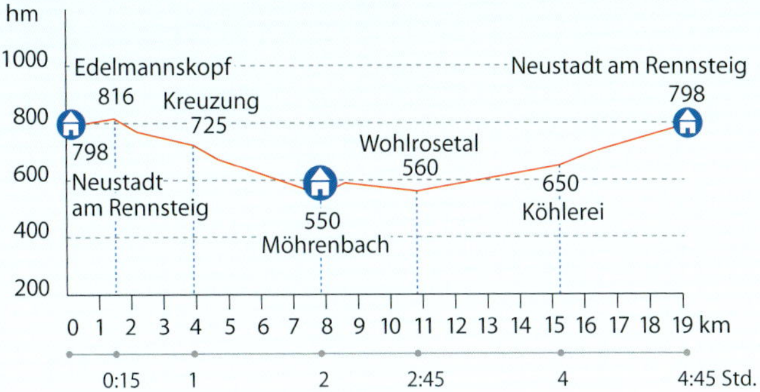

ins Tal, wir wandern jedoch auf dem Weg am Waldrand geradeaus weiter. Endlich ist das idyllische **Möhrenbach**, auf der geologischen Grenze zwischen Thüringer Wald und Schiefergebirge gelegen, erreicht. Gegenüber dem Ratskeller in der Ortsmitte folgt die Tour dem Pflastersträßchen steil hinauf zur Kirche und an dieser vorbei. Am Waldrand gehen wir links („Wohlrosetal"). Einige Schritte hinter der kleinen Schutzhütte schwenkt die Route an der Kreuzung „Am Leidchen" halbrechts. Wir folgen dem Hangweg oberhalb der neuen ICE-Trasse talaufwärts. (Wegen Bauarbeiten kann es hier 2011 zu Beeinträchtigungen kommen.) Nach einigem Auf und Ab (vorbei am Gedenkstein für den ermordeten Forstaufseher Walther) stößt die Wanderung auf einen Teerweg im **Wohlrosetal** und folgt diesem nach links. Unsere Tour überquert bald das Flüsschen und verläuft nun stets am rechten Ufer des Gewässers. Der Talweg passiert nach einer guten Stunde eine **Köhlerei**. Gleich hinter dem Werksgelände (an seinem Haupteingang) biegt die Wanderung links aufwärts auf eine breite Forststraße ein („Neustadt"). An der nächsten großen Kreuzung 700 m weiter schwenkt die Tour rechts und nach der gleichen Entfernung am Wegweiser (Strommasten) links ein. Auf nun immer geradeaus führendem Wege erreichen wir schließlich **Neustadt**.

Blick auf die Kirche Möhrenbach.

Pferdeberg
805
Vorderer Stechberg
705
Steinberg
758
767
Ratsmühle
671
Roter Stein
765
Hundsrück
Fürstenberg
818
Silberberg
771
683
Forsthaus Hubertus
717
Großer Dreiherrenstein
WDE
Ochsenbacher Mühle
Ochsenbacher Teich
838
Bühlsroder Kopf
WDE
Ebertsteich
Ebereschenhügel
Ebertsberg
Edelmannskopf
816
Großer Burgberg
817
Hist. Meilerstätte
Reischelberg
821
Fünfeckiger Stein
Abrahamskopf
START
Neustadt am Rennsteig
798
790
Heimatstube
Kleiner Burgberg
Hintere Haube
811
Großer Suckenberg

0 500 m

schobser Mühle
Brandkopf
727
Thüringer Porzellanstraße
590
600
500
564
522
mersmühle
Mylius-Rundwanderweg
783
Möhrenbach
Trimmpfad
Langer Berg
Heimatmuseum
Stiefelkopf
807
Höhenblick
809
Tunnel Silberberg in Bau
NSG
582
Gillersdorf
Thüringer Porzellanstraße
Mylius-Rundwanderweg
Ilmsenberg
761
698
Milchberg
676
Hohe Tanne
Wallbrück
Obere Mühle
t u r p
Kesselberg
GROSSBREITENBACH
Breitenbach
657
Wiegandsmühle
Grundsmühle
Totenweg
Vitzberg

3. Großer Dreiherrenstein – Schortemühle

Vom Schortetal ins Marktal

Ausgangspunkt: Wanderparkplatz „Großer Dreiherrenstein". Anfahrt auf der B 4 bis Stützerbach, dann zum Wanderparkplatz **Bahn:** nein | **Bus:** nein | **Charakter:** Auf breiten, aussichtsreichen Wegen wandern wir hinab ins Schortetal. Ein bequemer Talweg führt uns ins Naturschutzgebiet Marktal, welches wir auf Wurzelpfaden erkunden | **Einkehr:** In der Waldbaude „Dreiherrenstein" direkt beim Wanderstart oder im Gasthaus „Schortemühle" (Di–So ab 11 Uhr) | **Karte:** KOMPASS Nr. 813

Mittel | 19,5 km | 315 hm 315 hm | 4:45 Std.

Der abwärts führende Kaynweg verbindet den historisch bedeutsamen Dreiherrenstein mit dem Gasthaus „Schortemühle" und dem Besucherbergwerk „Volle Rose". Den Aufstieg zum Rennsteig prägt das naturbelassene Marktal – eine besonders geschützte Kernzone des Biosphärenreservates Vessertal.

Am Parkplatz wählen wir beim Rennsteigwegweiser neben dem **Dreiherrenstein** den Radweg in Richtung „Oehrenstock". An der Verzweigung 800 m weiter hält sich die Tour entsprechend der Beschilderung halblinks. Am Richtungszeiger bei der **Infotafel „Roter Stein"** schwenkt die Wanderung links („Schortetal"). Leicht abfallend verläuft der Kaynweg talwärts durch Buchen- und Nadelwald. 3,5 km nach dem „Roten Stein" biegen wir an einer markanten Gabelung links abwärts (Nicht den breiten Weg rechts wählen!) ein. Schließlich wird an einer Kreuzung (Freiplatz) das Schortetal am ehemaligen Standort der Voglermühle erreicht. Wir überqueren die Kreuzung hin zur Fußgängerbrücke über die Schorte gerade, bleiben aber auf der rechten Flussseite und gehen nun talwärts. Der breite Weg leitet uns etwas oberhalb des Tals zu einem Wegweiser, an dem wir uns scharf links halten („Schortemühle"). Die Wanderung führt über den Fluss und gelangt endlich zum **Gasthaus „Schortemühle"**. Interessierte lockt hier auch das Schaubergwerk „Volle Rose" (April – Okt.: Di–Fr 9–16, Sa–So 10–18 Uhr). Es illustriert die bis ins 12. Jh. zurückreichende Bergbautradition im Revier Ilmenau. Zuletzt wurde hier Fluss- und Schwer-

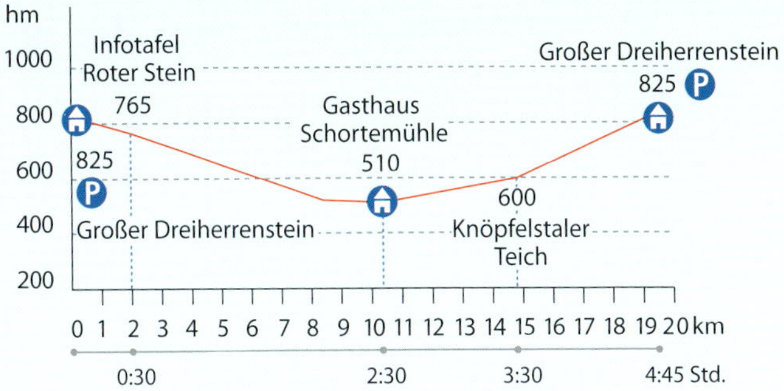

spat abgebaut. Gleich beim Richtungszeiger folgen wir dem Talweg Richtung „Stützerbach" und schwenken nur 50 m weiter auf einen schmalen Pfad ein (Nicht aufs Werksgelände.). Ein breiter Weg leitet uns dann talaufwärts. Achtung: Bei einer markanten Gabelung 4,5 km hinter dem Gasthaus schwenkt die Tour links und erreicht 100 m weiter den **Knöpfelstaler Teich**, einen alten Flößteich. Hier halten wir uns erst links und wählen wenige Schritte weiter erneut diese Richtung („Dreiherrenstein"). Die Route verläuft nun weg von dem Gewässer und hinein in das spektakuläre Naturschutzgebiet Marktal und Morast in der Kernzone des Biosphärenreservates Vessertal. Der Weg wird zunehmend schmaler, steigt steiler an und bleibt stets rechts des Baches. Wir erreichen die Straße, wenden uns nach links und stoßen nach wenigen Metern auf den Wanderparkplatz.

Der Knöpfelstaler Teich.

Gr.Herrmannstein
Kickelhahn
Goethehäuschen
Kickelhahn
861
Goetheweg
Scheffeldenkmal
Eissportplatz
Lindenberg
749
Gabelbach
Teichmühle
Moosbach
Ilm
Stadtforst
Klassikerstraße
Jagdhotel Gabelbach
Gabelbach
Schneide-müllerskopf
MEYERSGRUND
Meyersgrund
Hirtenwiese
Hohe Tanne
806
NSG
Erbskopf
Schortetal
725
805
Pferdeberg
Am Rosenkopf
673
Taubach
Diebskamm
Goethe-museum
Auerhahn
Knöpfelstaler Teich
Kleiner Helmsberg
Panoramaweg
Kurmittelhaus
747
Kurpark
Kneippanlage
Stützerbach
Museumsbahn
NSG
Marktal und Morast
Roter Stein
Breitengrunder Teich
Eulenstein
Großer Helmsberg
828
Panoramaweg
Massenmühle
Großer Hader
Hundsrück
Seiffiger Teich
Roter Berg
751
Kleiner Hader
800
START
Großer Dreiherrenstein
Großer Hundskopf
824
Rennsteighöhe
Bunker-Museum
Café Spindler
Dreiherrenstein
Allzunah
Böse Schleuse
Großer Dreiherrenstein
838
WDE
Bühlsroder
Meisenhügel
789
6
4
KOMPASS
0 500 m

Floßberg
Bergbaumuseum Lutherssteufe
Schorte
Gottessegenstollen
567
OEHRENSTOCK
Schaubergwerk
Heimatstube
Großer Tragberg
588
Thüringer Porzellan-straße
88
Kienberg
774
Krannichsruh
600
Schobsegrund
Schobse
Schobse-mühle
729
Vorderer Stechberg
705
Hinterer Brandkopf
727
Steinberg
758
700
Sommersmühle
522
767
Ratsmühle
671
Wohlrose
Fürstenberg
818
Silberberg
771
683
Forsthaus Hubertus
717
Ochsenbacher Mühle
Ochsenbacher Teich
Köhlerei
Thüringer Porzellanstraße

4. Stützerbach – Großer Finsterberg

Mordfleck und Rennsteig

Ausgangspunkt: Die Touristinformation in Stützerbach. Anreise auf der B 4 | **Bahn:** Lediglich Rennsteigbahn-Sonderfahrten **Bus:** IOV-Bus 300 | **Charakter:** Auf breiten und bequemen Waldwegen erkunden wir das Gebiet um den Großen Finsterberg. Die Tour passiert gleich zu Beginn das einladende Waldbad in Stützerbach | **Einkehr:** In Stützerbach | **Karte:** KOMPASS Nr. 813

Mittel | 19,25 km | 330 hm 330 hm | 4:45 Std.

Mächtig erhebt sich der Große Finsterberg über den Thüringer Wald, was sich erst beim Blick vom Gipfelturm offenbart. Immerhin vom dritthöchsten Berg Thüringens. Am Start, dem Kurort Stützerbach, laden das Goethehaus und das Glasmuseum zu einem Besuch ein.

Von der Touristinformation im Zentrum von **Stützerbach** folgen wir der Bahnhofstraße vorbei am Bahnhof, der nur noch Sonderfahrten dient. Nach der Überquerung der Ilmenauer Straße biegt die Tour in die Taubachstraße ein. Vor dem Waldbad hält sich die Route links („Ilmbrunnen"). Rechts am Hang durch die reizvolle Wiesenlandschaft des Taubachtales wandernd, stoßen wir schließlich (100 m nach der Einmündung einer Forststraße von links) auf die markante Verzweigung „Metas Ruh". Hier schwenkt die Wanderung nach links. Beim steilen Anstieg wird bald ein Querweg erreicht (breite, geschotterte Forststraße), in welchen die Tour rechts einbiegt. Zuvor kann jedoch auch – auf geradem Wege weiter bergauf – der kurze Abstecher zum **Ilmbrunnen** unternommen werden (hin und zurück: 0,5 km). Hier entspringt mit dem Taubach der kleinste der drei Quellbäche der Ilm. Danach folgen wir dem Querweg, welcher uns vorbei an den Spuren des Orkans Kyrill (im waldreichen Tal unterhalb fließt der Freibach, ein zweiter Quellbach der Ilm) und am Abzweig zum Blauen Stein hin zu einer weiteren Wirtschaftsstraße führt. Hier schwenken wir nach links, erreichen die **Mordfleckwiese** (allerdings kein Ort schauriger Tat, vielmehr wohl abgeleitet von „Moorfleck") und die Straße und biegen erneut links auf den Rennsteig ein. Wenig später hält sich die Wanderung an einer Gabelung links und folgt dem Pfad des Alternativ-Rennsteigs (Blaues R). Diese Markierung leitet uns zum Gipfel des **Großen Finsterberges**, vor dem uns ein steiler Anstieg erwar-

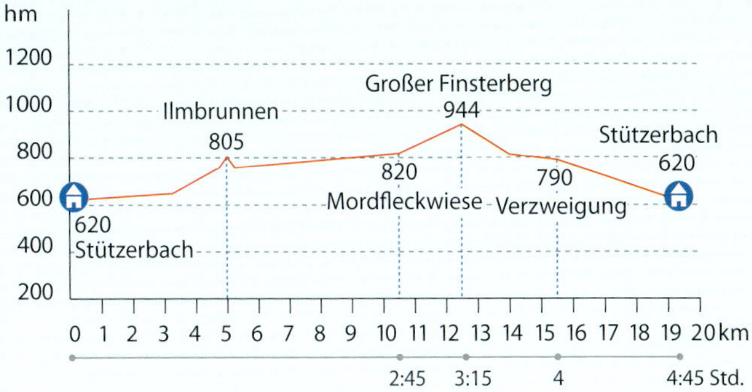

tet. Der Aussichtsturm und die etwas entfernte Schutzhütte auf dem Gipfel des ehemaligen Vulkans bieten eine grandiose Aussicht (unter anderem auf die beiden einzigen höheren Berge im Thüringer Wald: dem Großen Beerberg und dem Schneekopf), von der uns schließlich das Blaue R wegführt (Achtung: Abzweigung auf unscheinbaren Pfad: „Schmiedefeld"!), dem wir noch ein Stück weit folgen. Nach einem abschüssigen Wegstück überschreiten wir eine Kreuzung mit Sitzgruppe gerade und gelangen so wieder zur Straße, wo wir uns auf dem Original-Rennsteig nach links wenden und uns nun am Weißen R orientieren. Etwa 1,5 km bleibt der Tourenverlauf nahe der Straße, dann stößt die Route auf einen breiten Weg, den wir gerade überschreiten und gegenüberliegend in Richtung „Stützerbach" weitergehen. Der hier rechts **abzweigende Rennsteig** wird ignoriert. Der deutliche Waldweg führt geradewegs bergab. Erst am zweiten Wegweiser („Lärchenbank") wandern wir geradeaus ansteigend (!) weiter. Nach der aussichtsreichen Erhebung taucht die Wanderung noch einmal in den Wald ein. Am folgenden befestigten Querweg wendet sie sich nach rechts („Dr.-Wald-Weg") und gelangt gleich zur Ortsstraße von **Stützerbach**, die uns links hinab ins Zentrum bringt.

Goethehaus in Stützerbach.

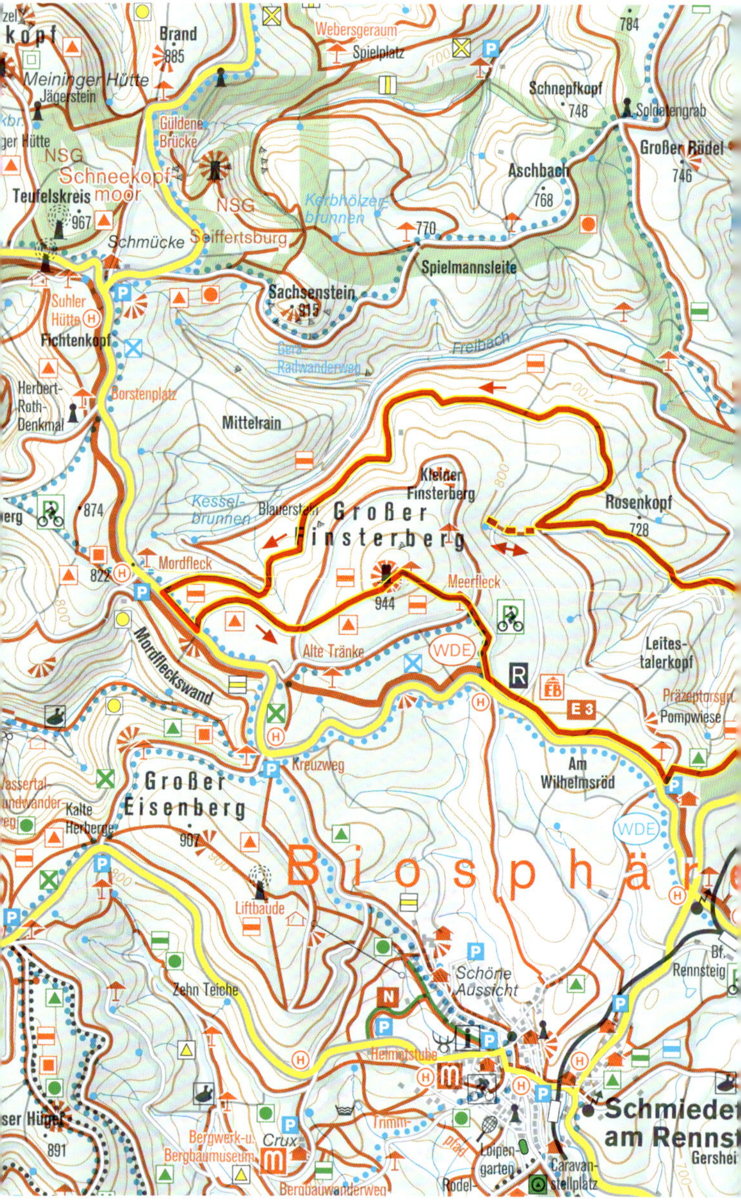
Brand
885
Webersgeraum
Spielplatz
784
Meininger Hütte
Jägerstein
Schnepfkopf
748
Soldatengrab
Güldene Brücke
NSG
Schneekopf moor
Teufelskreis
967
NSG
Großer Rödel
746
Aschbach
768
Kerbhölzer-brunnen
770
Schmücke
Seiffertsburg
Spielmannsleite
Sachsenstein
915
Suhler Hütte
Fichtenkopf
Gera-Radwanderweg
Freibach
Herbert-Roth-Denkmal
Borstenplatz
Mittelrain
Kleiner Finsterberg
Rosenkopf
728
874
Kessel-brunnen
Blauerstein
Großer Finsterberg
944
Mordfleck
822
Meerfleck
Mordfleckswand
Alte Tränke
WDE
Leites-talerkopf
E 3
Pompwiese
Kreuzweg
Am Wilhelmsröd
Großer Eisenberg
Kalte Herberge
907
WDE
Biosphäre
Liftbaude
Schöne Aussicht
Bf. Rennsteig
Zehn Teiche
Heimatstube
Schmiede am Rennst
891
Bergwerk- u. Bergbaumuseum
Crux
Trimm-pfad
Loipen-garten
Caravan-stellplatz
Rodel-
Bergbauwanderweg

0 500 m

Gr.Herrmannstein
Eissportplatz
Kickelhahn
Goethehäuschen
Kickelhahn
Goetheweg
861
Scheffeldenkmal
Lindenberg
749
Teichmühle
Moosbach
Ilm
Klassikerstraße
Stadtforst
Gabelbach
Jagdhotel Gabelbach
Gabelbach
Schneide-müllerskopf
MEYERSGRUND
Meyersgrund
Hirtenwiese
Hohe Tanne
806
NSG
Erbskopf
Schortetal
Rosenkopf
673
Am Rosenkopf
Taubach
Goethe-museum
805
Pferdeberg
Diebskamm
Panoramaweg
Kurmittelhaus
START
Auerhahn
Knöpfelstaler Teich
Kleiner Helmsberg
Lauersberg
Kneippanlage
Kurpark
Stützerbach
NSG
Marktal
und
Morast
Museumsbahn
Panoramaweg
Breitengrunder Teich
Eulenstein
Roter Stein
Großer Helmsberg
828
765
Klassikerstraße
Massenmühle
Großer Hader
Hundsrück
Große Hohe Warte
Seifiger Teich
Roter Berg
751
Kleiner Hader
Großer Dreiherrenstein
Rennsteighöhe
Großer Hundskopf
824
Dreiherrenstein
Großer Dreiherrenstein
838
WDE
Bunker-Museum
Café Spindler
Allzunah
Böse Schleuse
Meisenhügel
789
Bühls

5. Schmiedefeld – Großer Finsterberg

Über allen Gipfeln ist Ruh

Ausgangspunkt: Die Kirche im Zentrum von Schmiedefeld. Anfahrt auf der B 4 | **Bahn:** Lediglich Rennsteigbahn-Sonderfahrten | **Bus:** MBB-Bus 421, IOV-Bus 300, 307 | **Charakter:** Gut begehbare Wald- und Wiesenwege führen uns hinauf auf den aussichtsreichen Großen Finsterberg, einer Kuppe vulkanischen Ursprungs | **Einkehr:** In Schmiedefeld | **Karte:** KOMPASS Nr. 813

Leicht | 11,5 km | 280 hm 280 hm | 2:30 Std.

Auf einem panoramenreichen Weg gelangen wir zum Mordflecken auf dem Rennsteig. Von hier aus wird mit dem Großen Finsterberg der dritthöchste Berg des Thüringer Waldes erklommen. Oben entschädigt eine begeisternde Aussicht über die endlosen Wälder des Thüringer Waldes für die Mühen des Aufstiegs.

Von der Kirche im Zentrum von **Schmiedefeld** folgen wir der Schmückestraße aufwärts. Bei den letzten Häusern des Ortes verläuft die Tour geradeaus weiter. Der steile Anstieg bringt uns schließlich hinauf zu einem Wegweiser, von dem aus wir – relativ eben – geradeaus („Kreuzweg/ Mordfleck") weiterwandern. Wenig später stößt die Route auf den **Parkplatz „Kreuzweg"**. Die Verkehrsstraße wird nicht überquert, vielmehr folgt die Wanderung dem in der Kurve abgehenden Waldweg (Gelbstrich: „Mordfleck"). Die Wanderroute passiert die Mordfleckwand und hält sich nach einer längeren aussichtsreichen Passage an einer Wegeverzweigung rechts aufwärts. Am nahen Querweg, einer Forststraße, schlagen wir ebenfalls diese Richtung ein. Auf der Straße gehen wir kurz rechts bis zur Schutzhütte mit dem schaurigen Namen „**Mordfleck**". Jedoch zeichnet keine Bluttat verantwortlich für diesen Namen, vielmehr leitet er sich vom weniger spektakulären „Moorfleck" her. Nun lotst uns die Rennsteigmarkierung – das Weiße R – weiter. An einer nahen Gabelung schwenkt die Wanderung links. Auf einem Pfad folgt sie nun dem Alternativ-Rennsteig. Das Blaue R führt uns bis zum Gipfel des **Großen Finsterberges**, der auf dem letzten Abschnitt recht steil erklommen wird. Der Aussichtsturm und vor allem die wenige Meter entfernte Schutzhütte ermöglichen eine atemberaubende Aus-

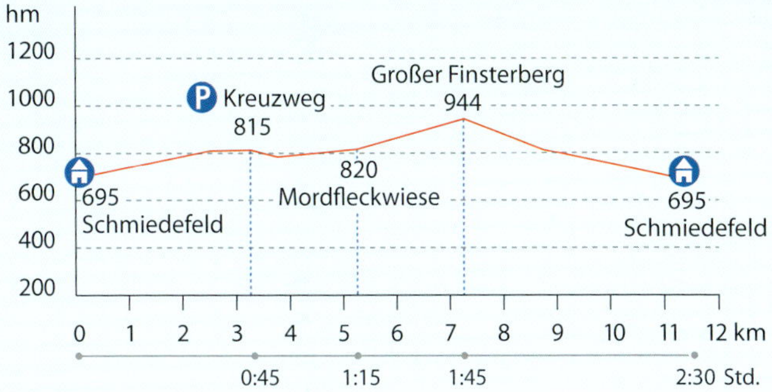

sicht über die Gipfel des Kammgebirges. Nur zwei Erhebungen Thüringens (der Große Beerberg und der Schneekopf) reichen höher hinauf, beide sind vom Turm aus zu sehen. „Über allen Gipfeln ist Ruh" – endlos dehnen sich die Wälder bis zum Horizont.

Wir folgen schließlich weiter der Kennzeichnung des Alternativ-Rennsteigs. Achtung: Abzweigung auf unscheinbaren Pfad: „Schmiedefeld"! Ein steiler Abstieg bringt uns zu einer Kreuzung (Sitzgruppe), die wir gerade überschreiten. Endlich wird erneut die Straße erreicht. Wir queren diese und gehen auf dem Waldweg gegenüber geradeaus weiter, passieren dabei einen Wegweiser und ignorieren wenig später den links abgehenden breiten Weg. Ausgedehnte Wiesen begleiten uns hinab nach **Schmiedefeld**.

Bei Schmiedefeld.

941
Wildekopf
943
Dietzel-
Lorenz-
Stein
Suhler Leube
Großer
Beerberg
NSG
Beerbergmoor
Plänckners Aussicht
983
Gehlberger
Hütte
Schneckbr.
Meininger Hütte
Jägerstein
Dürrnberger Hütte
900
NSG
Schneekopfmoor
Teufelskreis
967
Güldene
Brücke
NSG
Schmücke
Seiffertsb
919
Adler
Suhler
Hütte
Fichtenkopf
Unterer
Geiersberg
746
Rosenkopfstraße
Triefender
Stein
Bergbau-
wanderpfad
Herbert-
Roth-
Denkmal
Borstenplatz
Mittel
HEIDERSBACH
Gold-
lauterberg
874
Kessel-
brunnen
822
Mordfleck
CHER
NN
GOLDLAUTER
800
Mordfleckswand
cksberg
Lange Lauter
Oberes
Galgental
Wassertal-
Rundwander-
weg
Kalte
Herberge
Großer
Eisenberg
907
Schollengrund
Pfanntal
Salzberg
Waldgesch.-
Lehrpfad
Ringberg
745
Wegscheide
800
Liftba
Großer Erleshügel
839
Schwarze Kanzel
Zehn Teiche
Bräutigamsweg
760
Döllberg
700
Beerberg
808
800
Neuhäuser Hügel
891
Bergwerk- u.
Bergbaumuseum
FRIEDBERG-
SIEDLUNG
693

0 500 m

Schnepfkopf
748
Soldatengrab
Großer Rödel
746
722
Wilhelmsleite
Moosbach
Ilm
Teichr
Klassikerstraße
Aschbach
768
Kerbhölzerbrunnen
770
Spielmannsleite
hsenstein
915
Freibach
dwanderweg
MEYERSGRUND
Meyersgrund
4
700
800
600
Kleiner Finsterberg
Großer Finsterberg
944
Meerfleck
Rosenkopf
728
Rosenkopf
673
Am Rosenkopf
Taubach
Diebskamm
Panoramaweg
Kurmittelhaus
Alte Tränke
WDE
R
EB
E 3
Leitestalerkopf
Lauersberg
747
Kurpark
Präzeptorsgrund
Pompwiese
NSG
Museumsbahn
Kreuzweg
Am Wilhelmsröd
Klassikerstraße
Massenmü
Biosphärenreserv
Große Hohe Warte
Bf. Rennsteig
Roter Berg
751
Schöne Aussicht
START
N
Rennsteighöhe
Bunker-Museum
Café Spindler
Heimatstube
Trimm-pfad
Schmiedefeld am Rennsteig
Gersheit
Loipengarten
Caravanstellplatz
Rodelbahn
Meisenhügel
789
Bergbauwanderweg
Neuwerk
Vess
VESSER
Huckel
Lenkgrund
Café Lenkgrund

6. Elgersburg – Mönchhof

Auf die Hohe Warte

Ausgangspunkt: Der Burgaufgang in Elgersburg. Anreise auf der B 88 | **Bahn:** Erfurt–Plaue–Ilmenau | **Bus:** IOV-Bus 301, 302
Charakter: Bequeme Wald- und befestigte Talwege begleiten uns durch die Elgersburger Flur. Der Carl-Eduard-Turm gewährt ein eindrucksvolles Panorama | **Einkehr:** In Elgersburg z. B. im Burgrestaurant (Di–So ab 11 Uhr), im Gasthaus „Mönchhof" (täglich ab 10 Uhr) sowie im Berggasthof „Hohe Warte" (Di–So ab 10 Uhr) | **Karte:** KOMPASS Nr. 813

Leicht | 15 km | 325 hm 325 hm | 4 Std.

Mächtig ragt die uralte Elgersburg am Ausgangsort empor. Gleich nebenan wandern wir zwischen düsteren Felswänden, bevor wir uns im Jüchnitzgrund an den Aufstieg zum schön gelegenen Gasthaus „Mönchhof" und dem trutzigen Carl-Eduard-Turm auf der Hohen Warte machen.

Vom Burgaufgang in **Elgersburg** folgen wir dem Straßenverlauf in Richtung des „Hotels am Wald". Bei einem recht steilen Straßenstück im dichten Grün biegen wir 250 m vor dem Hotel rechts ein („Goethefelsen"). Nur wenig später schwenkt die Tour beim Richtungszeiger am Teich rechts und verläuft nun auf der linken Seite des Baches abwärts. Wir wandern unterhalb der gewaltigen Goethe- und Drösefelsen talwärts und biegen ca. 100 m vor der Straße links in Richtung „Steintal" ein. Bald wird ein Wirtschaftsweg gerade („Schullandheim") überquert. Auf ruhigen Waldwegen stetig ansteigend folgen wir dieser Beschilderung, passieren den „**Schneekopfblick**", die Steintal-Ferienhäuser und erreichen schließlich im **Jüchnitzgrund** den Braunsteinweg. Die Route schwenkt links und leitet nun immer im Talgrund aufwärts bis zum **Gasthaus „Mönchhof"**. 1852 wurde das ehemalige Forsthaus auf den Grundmauern einer mittelalterlichen Kapelle errichtet. Wir überqueren den Asphaltweg halblinks und biegen in Richtung „Emmastein" ein (Roter Punkt). Schon nach 500 m verlässt die Tour diese Kennzeichnung und hält sich am Richtungszeiger links („Hohe Warte"). Etwas mehr als einen Kilometer lotst uns nun die Bäumchen-Markierung auf und ab durch den Wald. Dann schwenken wir an einem unscheinbaren

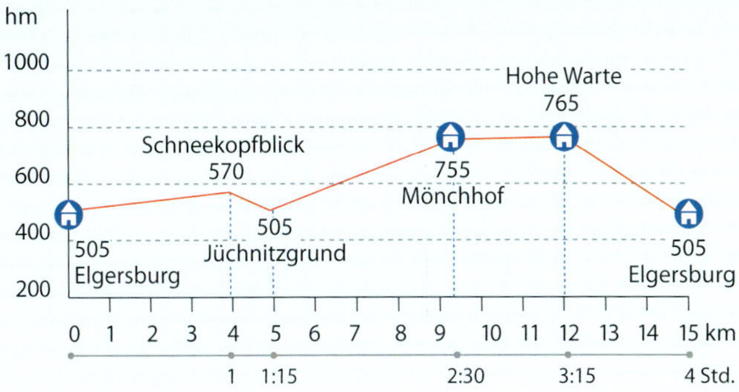

Wegweiser (!) zur Warte hin rechts (nicht scharf rechts!) auf einen Forstweg ein. Kurze Zeit später halten wir uns noch einmal markiert rechts, überschreiten einen Wirtschaftsweg und gelangen bald zum Gasthaus und dem trutzigen Carl-Eduard-Turm auf der wenig erhöht liegenden **Hohen Warte**. Das 1911 errichtete Bauwerk folgte zwei weniger standhaften Vorgängerbauten und wurde nach dem letzten Landesherren von Sachsen-Coburg und Gotha benannt. Der Abstieg beginnt direkt gegenüber dem Treppenaufgang zum Gasthaus (kein Wegweiser). An der Gabelung nach 100 m wählen wir die halbrechte Variante (nicht links hinab) und wandern in der Folge auf dem Waldweg bergab. Auf halbem Wege wird eine Forststraße gerade überquert. Bald passiert die Wanderung die mächtigen Piutti-Felsformationen (ein im Ort geborener Komponist) und die Luisenquelle auf einer kleinen Lichtung. Endlich stößt die Route auf das „Hotel am Wald" und folgt der Straße rechts ins Zentrum von **Elgersburg**.

Carl-Eduard-Turm auf der Hohen Warte.

KOMPASS

0 500 m

KOMPASS INFO

Schloss Elgersburg
Auf einer Anhöhe thront eindrucksvoll die Elgersburg über dem gleichnamigen Ort. Erbaut wurde sie im 11. Jahrhundert, Vorgängerbauten mögen aber auch noch 200 Jahre weiter zurückreichen. Damit gehört sie zu den ältesten und gleichzeitig schönsten Bauwerken dieser Art in Thüringen. Der Name von Schloss und Ort bezieht sich wohl auf den Ersterbauer der Feste. Als Schutzburg im Geratal angelegt, sollte sie zur Sicherung der wichtigen Handelsstraße zwischen Franken und dem norddeutschen Raum beitragen. Dies war kein leichtes Unterfangen, schließlich war das Raubrittertum in den nahezu undurchdringlichen Wäldern des Thüringer Waldes ein weitverbreitetes Phänomen. In den folgenden Jahrhunderten wechselte die Anlage durch Verkauf, Schenkung oder Verpfändung häufig den Besitzer, was jeweils auch zu immer neuen baulichen Veränderungen führte. Prominente Eigner waren beispielsweise die Grafen von Henneberg, die lange Zeit bis zum Aussterben des Geschlechts im 16. Jahrhundert über weite Teile Frankens und Thüringens herrschten. Fast 400 Jahre gehörte die Burg den Herren von Witzleben, später wurde sie an das Haus Sachsen-Gotha verkauft. Letztere gaben der Feste 1905 ihre heutige Gestalt.

Schloss Elgersburg.

7. Schmücke – Schneekopf

Thüringens einziger „Tausender“

Ausgangspunkt: Gasthof „Schmücke“. Anreise auf der B 247 bis Oberhof, dann zum Gasthaus | **Bahn:** nein | **Bus:** RBA-Bus 359, MBB-Bus 421 | **Charakter:** Auf breiten und bequemen Wegen geht es hinauf auf den Schneekopf, von dem uns schmale und teilweise rutschige Wurzelpfade zurück zum Ausgangspunkt leiten | **Einkehr:** In Schmücke, der „Suhler Hütte“(Di–So 10–16 Uhr) und auf dem Schneekopf („Neue Gehlberger Hütte“)
Karte: KOMPASS Nr. 813

Mittel | 8,75 km | 120 hm 120 hm | 2:15 Std.

Von Schmücke (höchstgelegenes Gasthaus auf dem Rennsteig) wird mit dem Schneekopf der zweithöchste Berg des Thüringer Waldes erwandert. Hinzu kommen die aussichtsreiche Seiffertsburg und der Sachsenstein. Der Turm auf dem Schneekopf ist der einzige 1000er des Gebirges, ragt seine Spitze doch bis auf 1001,125 m auf.

Von **Schmücke** aus folgen wir dem Rennsteig in Richtung „Schneekopf“. Vorbei am **Abzweig** zur nahen „**Suhler Hütte**“ beim Wegweiser „Wetterstation“ verläuft die Route weiter auf dem Fernwanderweg. Nur 150 m später schwenkt die Tour Richtung „**Schneekopf**“ hin zum Waldweg auf der anderen Straßenseite. Gleich geht es auf breitem Wege aufwärts. Auf dem **Gipfel** sorgt die „Neue Gehlberger Hütte“ für Speis und Trank, der Aussichtsturm dient zugleich als Kletterwand und das Panorama ist überwältigend. Am Wegweiser hinter dem Turm wenden wir uns hin zur Teufelskanzel. Dabei sollte die Markierung (Rotes Dreieck) beachtet werden: Unser Pfad biegt gleich links ab und hält sich 200 m weiter rechts. Von der aussichtsreichen Teufelskan-

KOMPASS INFO

Das Original von der Schmücke
Von all den Wirten der traditionsreichen Gastwirtschaft ist vor allem Friedrich Joel in Erinnerung geblieben. Wohlbeleibt und mit einer großen Portion Schalk im Nacken übernahm er 1843 die Schankwirtschaft. Mit Geschick und seinem unverwüstlichen Humor machte der „dicke Joel“ das abgelegene Gasthaus dann besonders in Studentenkreisen bekannt und beliebt.

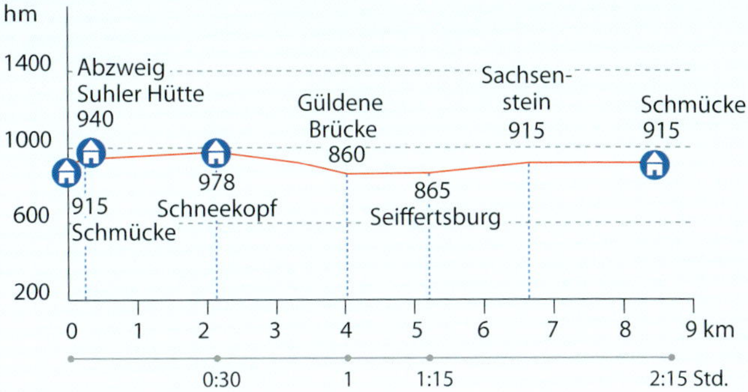

zel führt uns die Kennzeichnung über Stock und Stein zum beschilderten Querweg, wo die Wanderung links schwenkt. Auch an der Straße halten wir uns wenige Meter links hin zum Wegweiser „**Güldene Brücke**“. Hier biegen wir in der Rechtskurve jedoch rechts von der Straße auf den Waldweg ein (Rotes Dreieck). Nur 50 m weiter schwenkt die Route erneut scharf rechts. Wenig später lotst uns die Markierung auf einen Wurzelpfad nach links („Seiffertsburg“). Auf einer kleinen Lichtung hält sich die Wanderung am Richtungszeiger rechts, zuvor sollte aber die **Seiffertsburg** – der Aussicht wegen – bestiegen werden. Unser Pfad verbreitert sich bald und stößt auf einen Forstweg. Hier wenden wir uns kurzzeitig rechts aufwärts, biegen jedoch gleich links erneut auf einen Wurzelpfad ein. Zuverlässig führt uns das Rote Dreieck zu einem Wegweiser, wo wir linker Hand die Besteigung des **Sachsensteins** beginnen. Auf dessen Gipfel genießen wir zum wiederholten Male das Panorama, kehren dann zum Wegweiser zurück und wandern nun geradeaus in Richtung „Schmücke“. Die Tour erreicht endlich einen befestigten Weg, schwenkt hier rechts sowie an der nahen Straße links ein. Nun sind es nur noch wenige Meter bis zum **Ausgangspunkt**.

Auf dem Gipfel des Schneekopfs.

KOMPASS

0 500 m

Gehlberg
Bucher Pirschhaus
Gehlberger Grund
Bf. Gehlberg
Hans-Kehr-Stein
Glas-u. Wilderermuseum
Mittelberg
739
Wüstrummel
751
Laurafelsen
Himmelreichskopf
771
Kapelle
Gabelbachskopf
772
Webersgeraum
Spielplatz
Leimbühl
784
Brand
885
Meininger Hütte
Jägerstein
Schnepfkopf
748
Goldene Brücke
NSG
Schneekopfmoor
Teufelskreis
967
Aschbach
768
Kerbhölzerbrunnen
770
Schmücke
Seiffertsburg
START
Spielmannsleite
Sachsenstein
Suhler Hütte
Fichtenkopf
Gera-Radwanderweg
Freibach
Herbert-Roth-Denkmal
Borstenplatz
Mittelrain
Kleiner Finsterberg
Goldlauterberg
874
Kesselbrunnen
Blauerstein
Großer Finsterberg
Rosenkopf
728
822
Mordfleck
944
Meerfleck
Mordfleckswand
Alte Tränke
WDE
Leitestalerkopf
E3
Kreuzweg
Am Wilhelmsröd
Großer

8. Vesser – Breitenbach

Ins Herz des Biosphärenreservates

Ausgangspunkt: Die Kirche im Zentrum von Vesser. Anfahrt auf der B 247 bis Suhl, dann Richtung Schmiedefeld a. R. bzw. Vesser | **Bahn:** Lediglich Rennsteigbahn-Sonderfahrten bis Schmiedefeld | **Bus:** IOV-Bus 300, SNG-Bus K | **Charakter:** Auf meist bequemen Wegen geht es durch Wald und Flur ins Herz des Biosphärenreservates. Die steileren Anstiege liegen im letzten Tourendrittel | **Einkehr:** In Vesser, Breitenbach und im Hotel „Stutenhaus" (täglich ab 11 Uhr) | **Karte:** KOMPASS Nr. 813

Leicht | 15 km | 325 hm / 325 hm | 3:30 Std.

Das Vessertal zählt zu den schönsten des Thüringer Waldes und wurde als Kernzone des Biosphärenreservates eingestuft – Naturgenuss pur ist also garantiert. Im Zentrum von Vesser lädt eine Herbert-Roth-Ausstellung Anhänger und Skeptiker des Barden zum Besuch ein (Mo–Do 10–12, 13–15, Fr 10–12 Uhr).

In **Vesser**, nahe der schönen Fachwerkkirche vom Beginn des 18. Jahrhunderts folgen wir der Breitenbacher Straße abwärts und tauchen bald in den Wald ein. Hier unterqueren wir den Auslauf der zweitgrößten Naturschanze Deutschlands: Alle Sprungasse der letzten Jahrzehnte waren hier – ihre Weiten sind am Kiosk vermerkt. Danach wandern wir geradeaus weiter. Auf fast der gesamten Strecke (bis zum „Stutenhaus") begleitet uns der Grüne Punkt. Nach der Vesserbrücke hält sich unsere Tour am Wegweiser links („Breitenbach") und verläuft nun in der Kernzone des Reservats. Dichter Wald begleitet die Wanderung, bis sie schließlich die Wegeverzweigung am ehemaligen Standort der **Schneidemühle** erreicht. Wir gehen geradeaus weiter und stoßen endlich kurz vor **Breitenbach** auf den Sensenhammer, einst eine

KOMPASS INFO

Das Vessertal – ein Kleinod Thüringens

Das circa 170 km² große Reservat Vessertal-Thüringer Wald füllt das Städtedreieck Suhl – Ilmenau – Schleusingen aus. Es wurde 1979 in die illustre Reihe der weltweit etwa 500 UNESCO-Biosphärenreservate aufgenommen. Das Vessertal ist hier mit fast 300 ha die größte von sechs Kernzonen.

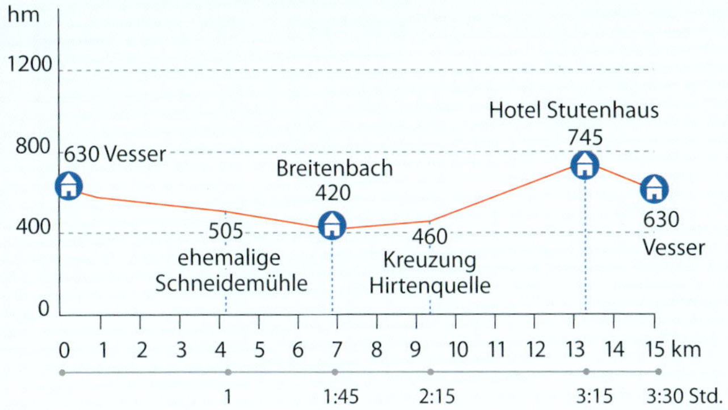

Porzellanmanufaktur für Pfeifenköpfe, und wenig später auf den Ort. Hier schwenkt die Route nach wenigen Schritten in die Ziegenrücker Straße ein. An der nahen Straßenverzweigung halten wir uns rechts und gehen geradeaus am Ortsausgangsschild vorbei. Etwa 500 m hinter diesem verlässt die Tour den breiten Weg und biegt am Wegweiser nach links über die Brücke und unmittelbar danach gleich nach rechts ein (Grüner Punkt: „Vessertal-Radweg“). Am Talhang entlang wird eine Forststraße erreicht, der wir geradeaus über die **Kreuzung „Hirtenquelle“** hinweg folgen („Stutenhaus ü. Erdeberg“).

Am Wegweiser „Erdeberg“ überschreitet unsere Wanderung die „Pferdehutstraße“ und folgt weiter auf der Forststraße dem Rundwanderweg. Wieder empfängt uns ein reizvolles Tal. Nach (!) der Überquerung des Baches schwenkt die Tour am Richtungszeiger links. Ein Reiterhof kündigt endlich den Querweg an, welcher uns nach links (Achtung: Nach 400 m auf den Feldweg nach links einbiegen!) zum schön gelegenen **Hotel „Stutenhaus“** bringt. Auf dem Gelände befindet sich auch ein sehenswertes Nationalpark-Infozentrum. Auf der Straße wandern wir die letzten Meter hinab nach **Vesser**.

Im Biosphärenreservat Vessertal.

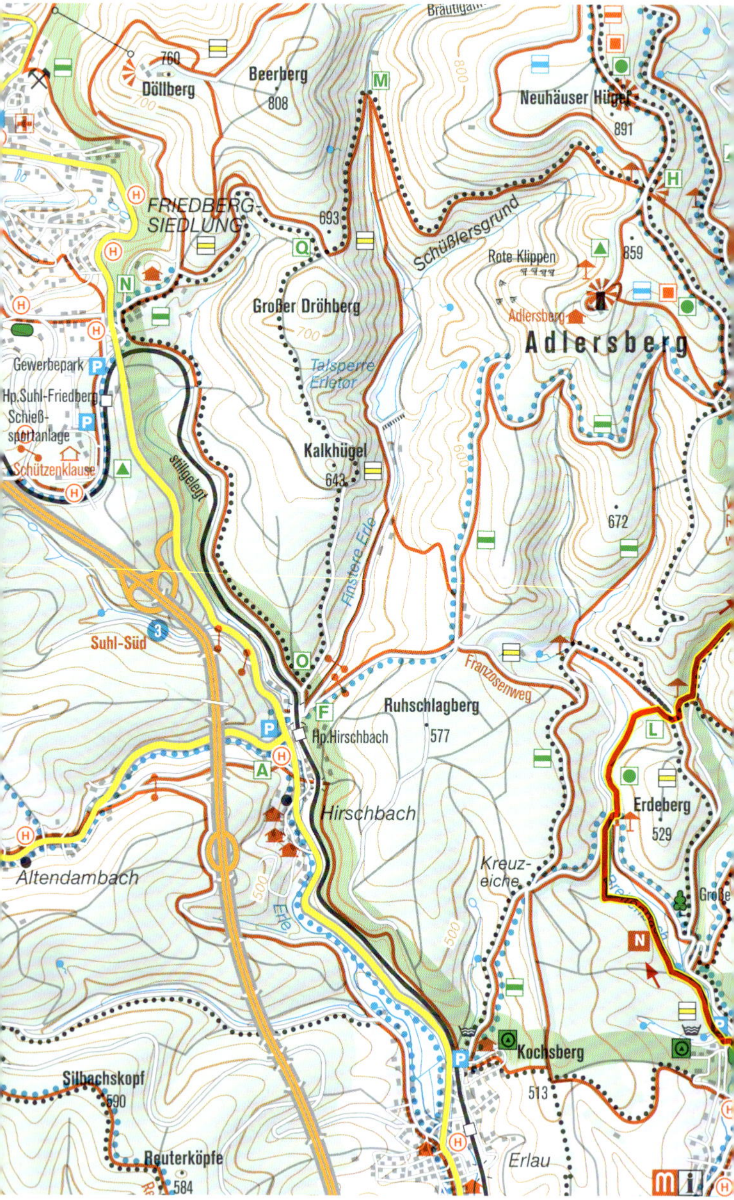
Döllberg
760
Beerberg
808
Neuhäuser Hügel
891
FRIEDBERG-SIEDLUNG
693
Schüßlersgrund
Rote Klippen
859
Großer Dröhberg
Adlersberg
Adlersberg
Gewerbepark
Hp.Suhl-Friedberg
Schieß-sportanlage
Schützenklause
Talsperre Erletor
Kalkhügel
643
stillgelegt
Finstere Erle
672
Suhl-Süd
Franzosenweg
Ruhschlagberg
577
Hp.Hirschbach
Hirschbach
Erdeberg
529
Altendambach
Kreuz-eiche
Erle
Kochsberg
513
Silbachskopf
590
Reuterköpfe
584
Erlau

0 500 m

Schmiedefeld am Rennsteig
VESSER
START
Huckel
Rollkopf
Volkmarskopf
726
Kesseltal-schanze
Großer Herrenhügel
700
Doktorshügel
Ziegenrück
682
NSG Vessertal
Vessertal-Rundwander-weg
Hengst-wiese
Runzelberg
710
Hohe Buche
Wagenberg
698
Saaleberg
Rollwand
Pechhüttenrod
Audeberg
701
Langer Berg
644
Burgberg
Sensenhammer
Vessertal
Silbacher Kuppe
Silbach
Wilke
Schleusinger-neudorf
Sommerberg
712
Trockentals-kopf
Köhlerei
Museumsbahn
Hp. Thomasmühle
Steinbruch
Dillesgrund
Fraubachmühle
Klassikerstraße
Frauenwalder Weg
Steinbühl
Bellermannsstein
Café Lenkgrund
Neuwerk
Gersheit
Caravan-stellplatz
Loipen-garten
Rodel-bahn
Trimm-pfad
Heimatstube
Crux
Bergbauwanderweg
Nahe
Rennsteighöhe
Großer Riesenha
Breite Brunn
Kalter
679
4
Am Be

9. Hirschbach – Adlersberg

Ein Blick bis zur Rhön

Ausgangspunkt: Der ehemalige Bahnhof von Hirschbach. Anfahrt auf der B 247 | **Bahn:** nein | **Bus:** LVK-Bus 200, 203, 252, 809 | **Charakter:** Der Aufstieg von Hirschbach zum Adlersberg ist recht lang und steil, die Wege sind aber durchwegs breit und gut begehbar. Im Umfeld von Hirschbach gibt es längere Asphaltpassagen | **Einkehr:** In Hirschbach, im Hotel „Stutenhaus" (täglich ab 11 Uhr) sowie auf der Adlersberghütte (Di–So 9–16.30 Uhr) | **Karte:** KOMPASS Nr. 813

Leicht | 17,75 km | 430 hm / 430 hm | 4:15 Std.

Ist der Adlersberg einmal bestiegen, kann die Aussicht vom Turm atemberaubend sein und bei guter Sicht bis zur Hohen Rhön hinüber reichen. Hinab geht es schließlich durch das urige Tal der Schwarzen Erle bis zur schönen Talsperre Erletor nahe Hirschbach.

Beim alten Bahnhof **Hirschbach** nutzen wir die Unterführung und gehen vom Wanderparkplatz in Richtung „Stutenhaus" bergauf. Kräftig ansteigend gelangt die Route zum Wegweiser „**Wettersberg**" und schwenkt hier nach rechts („Roßbach"). Am nächsten Querweg hält sich die Wanderung entsprechend der gewiesenen Richtung links und an der Verzweigung 500 m weiter biegen wir vor der Brücke ebenfalls links hin zur Schutzhütte „Roßbach" ein. Geradewegs wandern wir nun im idyllischen Plaudegrund aufwärts (an der Gabelung nach 200 m rechts) und gelangen endlich zu einer Wirtschaftsstraße, auf der wir uns rechts halten. Nun finden wir nach kurzer Zeit an einer Sternkreuzung einen Wegweiser vor, an dem sich der Abstecher zum aussichtsreich gelegenen Hotel-Gasthaus „**Stutenhaus**" anbietet (hin und zurück: 0,5 km). Das Haus kann auf eine 350-jährige Geschichte zurückblicken. Hier befindet sich auch eine sehenswerte Informationsstelle des Nationalparks. Zurück an der Kreuzung folgen wir dem Roten Viereck hinauf in Richtung „Adlersberg". Beim nächsten Richtungszeiger (hier links „**Adlersberg**") beginnt der letzte kurze Anstieg zum **Gipfel**. Vom Turm (Schlüssel im Gipfelrestaurant mit zünftiger Speisekarte) kann ein eindrucksvolles Panorama bis hin zur Hohen Rhön mit Kreuzberg und Wasserkuppe

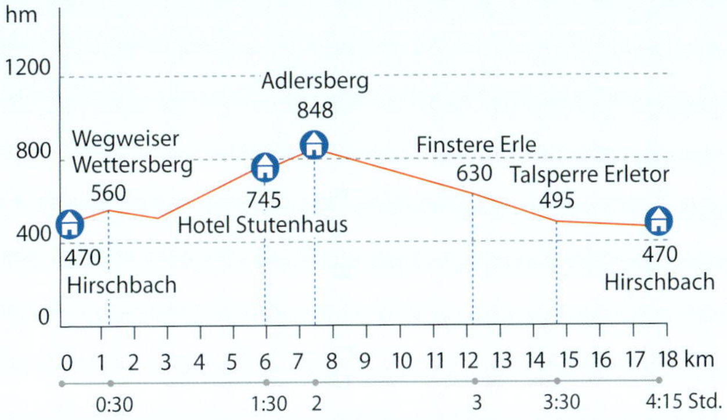

genossen werden. Schließlich gehört das Massiv zu den höchsten am Südrand des Gebirges. Danach lotst uns der Grüne Punkt in Richtung „Hirschbach". Wir folgen dem breiten Weg gerade und ignorieren die bald am Wegweiser nach rechts abbiegende Vierecksmarkierung. Am Querweg bei der Stromleitung hält sich die Route 50 m links, um dann gleich wieder an der Kreuzung scharf links („Finstere Erle") einzuschwenken. Der deutliche Wirtschaftsweg leitet uns fast 3 km hinab bis zum **Bächlein Finstere Erle**. Hier biegen wir an der Kreuzung unmarkiert (!) links abwärts ein und wandern am Ufer des Baches weiter. Nach einer kleinen Lichtung schwenken wir an der Verzweigung rechts, überqueren das Flüsschen bei einer wasserwirtschaftlichen Anlage und gehen nun auf einem Asphaltweg am Westufer der **Talsperre Erletor** entlang. Die Staumauer wird nicht überschritten. Das Sträßchen leitet uns immer talwärts zurück zum **Ausgangspunkt**.

Talsperre Erletor.

SUHL
LAUTER
Ringberg
745
Schollengrund
Pfannital
Salzbe
Waldgesch. Lehrpfad
Domberg
666
497
Großer Erleshügel
839
Schwarze Kanzel
Tierpark
Bräutigamswe
Waffenmuseum
Stadt-park
760
Döllberg
Beerberg
808
Schul-sternwarte
527
FRIEDBERG-SIEDLUNG
693
SUHLER NEUNDORF
Schüßlersgru
Großer Dröhberg
Gewerbepark
Talsperre Erletor
Hp.Suhl-Friedberg
Schieß-sportanlage
Kalkhügel
643
73
Schützenklause
stillgelegt
Steinige Bössel
637
Finstere Erle
Suhl-Süd
Ruhschlagberg
577
START
Hp.Hirschbach
Hirschbach
663
Altendambach
Erle

Großer Eisenberg
907
Kalte Herberge
Wassertal-Rundwanderweg
Biosphär
Wilhelmsröd
WDE
Liftbaude
Schöne Aussicht
Zehn Teiche
Heimatstube
Schmie am Ren
Bergwerk- u. Bergbaumuseum
Crux
Bergbauwanderweg
Loipengarten
Rodelbahn
Caravanstellplatz
VESSER
Huckel
679
Vesser
Adlersberg
859
891
Stutenhaus
Kesseltalschanze
Großer Herrenhügel
700
Rollkopf
Volkmarskopf
726
Hengstwiese
Nahe
Vessertal-Rundwanderweg
672
Doktorshügel
Ziegenrück
682
NSG Vessertal
Runzelberg
710
Hp. Thomasmühle
Hohe Buche
Wagenberg
698
Saaleberg
Rollwand
Erdeberg
529
Pechhüttenrod
Große Buche
Audeberg
701
Langer Berg
Museumsbahn
Vessertal

10. Oberhof – Veilchenbrunnen

Gebrannter Stein und Rennsteiggarten

Ausgangspunkt: Busbahnhof in Oberhof. Anfahrt auf der B 247
Bahn: Erfurt–Arnstadt–Grimmenthal | **Bus:** MBB-Bus 421–423, 425, 428, 454; RVG-Bus 856, 860 | **Charakter:** Überwiegend breite und bequeme Wald- und Wirtschaftswege erschließen uns die Oberhofer Flur rechts und links des Rennsteiges. Im Ort selbst locken diverse Freizeitangebote, wie der Hochseilklettergarten und die Skisporthalle (10000 m^2 für nordischen Wintersport)
Einkehr: In Oberhof, am Grenzadler (Gasthaus „Schanzenbaude"), in der Bergbaude „Veilchenbrunnen" (Di–So 10.30–18 Uhr) und im Rennsteiggarten | **Karte:** KOMPASS Nr. 812

Leicht | 16,5 km | 270 hm / 270 hm | 3:45 Std.

Wir kreuzen den Rennsteig und gelangen beim Veilchenbrunnen zur gleichnamigen einladenden Bergbaude. Nach den Panoramen beim Gebrannten und beim Heinrichsbacher Stein erwandern wir den außerordentlich schön angelegten und informativen Rennsteiggarten.

Am Busbahnhof **Oberhof** startend verläuft die Tour zunächst auf der Tambacher Straße, bevor sie vor dem Gasthaus „Waldschlößchen" links in ein Sträßchen Richtung „Grenzadler" einschwenkt. Hinter den letzten Häusern, in einer ausgeprägten Linkskurve verlassen wir den Teerweg und wandern geradeaus in den Wald. Auf dem deutlichen Forstweg leitet uns die Beschilderung zum **Wanderparkplatz „Grenzadler"**. Schon zuvor, gleich beim Gasthaus „Schanzenbaude", überqueren wir jedoch den Rennsteig und biegen sofort links auf den Rennsteigradweg in Richtung „Veilchenbrunnen" ein. An der großen Gabelung 200 m weiter hält sich die Tour rechts. Schließlich stoßen wir auf eine Sternkreuzung mit dem schön eingefassten **Veilchenbrunnen** etwas oberhalb. Die Bergbaude liegt ebenfalls nah und nur wenige Schritte talwärts. Wir gehen aber zunächst zum großen Wegweiser im Südwesten der Kreuzung und wählen dort die Variante zum „**Gebrannten Stein**". Nach 700 m lohnt der Abstecher links auf dem schmalen markierten Waldweg zum genannten Aussichtsfelsen. Insbesondere der Blick von der Felskanzel auf die Oberhofer Schanzenanlage im Kanzlersgrund beeindruckt. Die Hans-Renner-Schan-

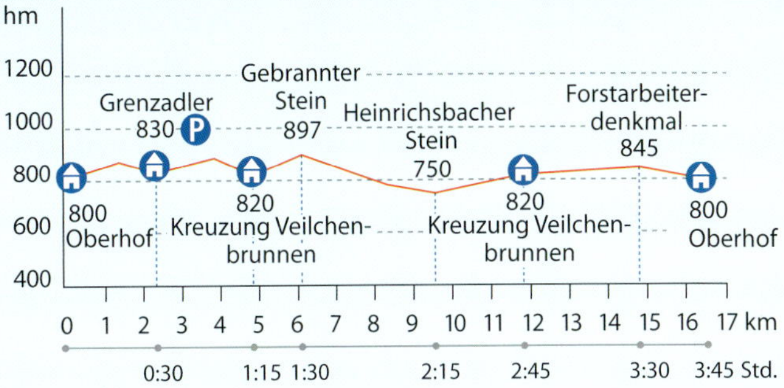

ze war einst die größte Skisprungschanze der DDR und ist auch heute noch zu den größten weltweit zu rechnen. Wir nutzen dann den abkürzenden Wurzelpfad hin zu unserem Weg (den wir bei einer aussichtsreichen Schutzhütte erreichen) oder wir laufen die Strecke bis zum Abzweig zurück. In jedem Falle folgen wir der Forststraße nach rechts bis hin zu einem befestigten Querweg. Hier schwenkt die Route links und biegt an der größeren Kreuzung 300 m weiter erneut in diese Richtung ein („**Heinrichsbacher Stein**"). In Kürze ist auch dieser Aussichtspunkt mit Blick auf Zella Mehlis erreicht. Nur 250 m entfernt hält sich die Wanderung an der Verzweigung links („**Veilchenbrunnen**"). Wir gehen nun zur Bergbaude und wandern hier in Richtung „Rennsteiggarten" weiter. Der aussichtsreiche Weg führt uns hinauf zum **Forstarbeiterdenkmal**, einem interessanten Relikt aus der jüngeren Vergangenheit. Geradeaus gelangen wir in kurzer Zeit nach **Oberhof**. Zuvor empfiehlt sich jedoch (über die Fußgängerbrücke rechts) der zweifellos lohnende Besuch des nahen **Rennsteiggartens**.

Der Veilchenbrunnen.

Oberschönau
515
Katzenstein
Kachelofen
893
Petersberger
Haselbach
Rote Hohle
Gustav-Freytag-Stein
Schießplatzwiese
Greifenberg
901
Langer Grund
Hohe Möst
887
Möststeine
867
Zwölf Apostel
Ski- u. Wanderhütte
Schutzhütte Karin
901
Rennsteig
Skirollerstrecke
898
Finsterbachkopf
Großer Hermannsberg
867
Forsthaus Kanzlersgrund
Finkenstein
Kohlenbachsgrund
873
Falkenstein
Falkengraben
860
Hoher Stein
Kanzlersgrund
Waldhaus Kanzlersgrund
Radelsgraben
Steinhauk
786
Kanzlersberg
NSG
Haselbach
Gebrannter Stein
897
Rennsteig
Dolmar-W
Jungfernborn
Ruppberghütte
Hundsrück
Reitwege
Kaltenbrunner Stein
865
Ruppberg
Schuchardstein
810
Braukopf
Heinrichsbacher Stein
Waldhaus Ruppertus
Heinrichsbachtal
Dreiherrenstein
Lipsestein
Schwarzberg
677
691
Mittelberg
Trimm-Dich-Pfad
Ruppertstal
Alte Straße
678
705
Meisenbachtal
Rennsteig-Dolmar-Weg
Röhn-Rennsteig-Weg
Waldfriedhof
Metze
MEHLIS
Reisinger Stein
660
Erlebnispark547
Meeresaquarium
Krankenhaus
Bf. Zella-Mehlis-West
280
Lichtenau
Regenberghütte
Schäferbaude
ZELLA-MEHLIS

247
Räuberstein
Bobbahn
Pirschhausweg
Silberteich
Obere Schweizerhütte
Fallbacher Brunnen
Biathlonstadion Grenzadler
Rodelbahn
Herzogl. Bobbahn
NSG
Ringweg
Np.Info
Kläranlage
OBERHOF
812
800
START
Schule
Schanzenbaude
Haselborn
Schützenberg
904
Harz-wald
Thüringer Wintersport-museum
Großvaterstuhl
Eckardts
815
Stein 16
Dietzel-Geba-Stein
Rodelbahn
Kehltalsteich
NSG
Hochmoor
898
Rondell
Buchskopf
825
Tränktrogsweg
877
Zellaer Loibe
Rennsteiggarten
868
Veilchenbrunn
Pfanntalskopf
Pfanntal
Forsthaus Sattelbach
Schnabelbachtal
Jagdstein
Gr. Sterngrund
Tafelsfels
Bärenstein
Brandleitetunnel
Brandleite
879
Bf. Oberhof
Sattelbachtal
Lübenbachtal
Lübenbach
Becherstein
Sommerwiese
Spitzer Berg
881
Farmenfleck
890
Floßgraben
Dörrberg
871
Auermannshütte
Steinbachtal
Gesenkschmiede
Waldmühle
Oberhofer Hütte
Wills Gräber
Sommerbacher Pirschhaus
Spittelbachtal
Spittelbachhütte
Wanderweg der Deutschen Einheit
Schneidersgrund
Sommerbachskopf
940
Suhler Ausspanne
Großer Böhlingsgrund
Heuweg
18
Wildekopf
943
Tannhäuser Steinbrunnen
NSG
Beerberg-moos
Gr. Beerberg
982
Dietzen-Lorenzstein
Plänkers Aussicht
Hochwald
647
Kleiner Böhlingsgrund
Rennsteig
Sonnenbad
Finkenhügel
611
737
Königsknübel
Suhler Loibe
Aschental
Unterer Beerberg
890
Obere Quelle
71

11. Oberhof – Sieglitzteich

Von der Lütschetalsperre zum Hohen Stein

Ausgangspunkt: Busbahnhof in Oberhof. Anfahrt auf der B 247
Bahn: Erfurt–Arnstadt–Grimmenthal | **Bus:** MBB-Bus 421–423, 425, 428, 454; RVG-Bus 856, 860 | **Charakter:** Sowohl auf breiten, teils befestigten Wegen, als auch auf schmalen Wurzelpfaden wandern wir durch die waldreiche Oberhofer Flur. Am Lütschestausee gibt es einen schönen Badestrand. Im Ort selbst locken diverse Freizeitangebote, wie der Hochseilklettergarten und die Skisporthalle | **Einkehr:** In Oberhof und am Lütschestausee
Karte: KOMPASS Nr. 813

Leicht | 13,75 km | 300 hm / 300 hm | 3:15 Std.

Blau glitzert die Wasseroberfläche der zum Baden einladenden Lütschetalsperre, eher geheimnisvoll gibt sich später der Sieglietzteich im Wald. Schließlich eröffnet uns der Hohe Stein einen weit reichenden Panoramablick über die waldreichen Kuppen der Region.

Vom Busbahnhof in **Oberhof** folgen wir der Crawinkler Straße und der Theo-Neubauer-Straße vorbei am bekannten Treff Hotel „Panorama“. 150 m hinter dem Ortsausgangsschild biegen wir auf den schmalen Weg rechts ein und unterqueren gleich die Hochstraße. Unmittelbar danach biegt die Route auf ein Teersträßchen rechts abwärts ein und hält sich wenig später an der beschilderten Verzweigung links („Lütschetalsperre“). Der Weg im Langen Grund bringt uns (alle Abzweige werden ignoriert) endlich zum Rundweg um den **Stausee**. Die Tour wendet sich nach rechts, wobei bald das Restaurant und der Campingplatz mit Badestelle und Bootsverleih erreicht werden. Gleich bei der Schranke folgt die Wanderung dem Teerweg rechts bergan und umrundet den Campingplatz. An dessen oberen Ende queren wir den Bach und wandern talaufwärts. Schließlich entfernt sich das Fließgewässer von unserer Wanderroute und wir passieren die Kreuzung „Gabelkopf“ gerade. Auch an der **T-Kreuzung „Hohe Tanne“** geht es geradeaus in Richtung „Sieglitzteich“ weiter. Bald überschreitet die Tour eine Forststraße (An den dortigen Wegweiser wenige Schritte oberhalb des Sees werden wir nach einem Abstecher zum **Hohen Stein** zurückkehren!) und erreicht den stillen **Sieglitzteich** inmitten

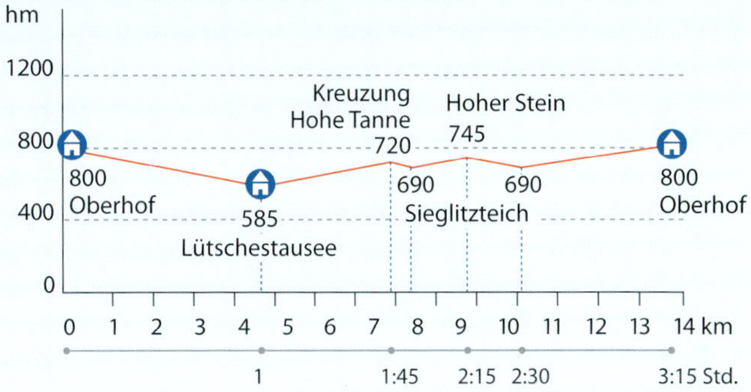

des Waldes. Beim Richtungszeiger direkt am Ufer folgen wir dem Wurzelpfad zur 50 m entfernten kleinen Kreuzung und gehen dort entsprechend der Beschilderung „Hoher Stein" geradeaus. Bald wieder aufwärts verlaufend stößt die Route auf die Kreuzung „Bei der Buche". Hier schwenkt sie links, nur um 100 m weiter rechts einzubiegen. Ein weiterer Anstieg erklimmt nun die aussichtsreiche Felsklippe **Hoher Stein** mit schönem Blick auf den Gipfel des Schneekopfes gegenüber. Von diesem Aussichtspunkt wenden wir unseren Schritt zurück zum Weiser an der Forststraße beim **Sieglitzteich**. Dem breiten Weg folgt die Wanderung nun nach links in Richtung „**Oberhof**". Die gute Beschilderung leitet uns bis in die **Stadt**.

Der Lütschestausee.

0 500 m

KOMPASS

Steiger
702
Teubers Grab
Bf.Frankenhain
493 • Läusebühl
Deutsche Spielzeugstraße
Borzelberg
648
Mühlstein-brüche
Bergmannskopf
616
Talsperre Lütsche
Forstgedenkstein
Dörrberg
Geschwenda
Bärenstein
Dörrberger Hammer
Waldsberg
701
Bärenstein-hütte
Dörrberg
Heimat
Oberer Wiesengrund
Hohe Warte
776
Sieglitzgrund
Raubschloss
Alte Burg
640
Tragberg-hütte
Gabel-kopf
701
Tragberg
71
Arlesberg
651
Arlesbe
Hohe Tanne
Sieglitz-weg
Braunstein-mühle
Pokerkopf
Hoher Stein
Ausgebrannter Stein
Rainweg
655
kardtskopf
815
Zahme Gera
Flößgraben
Kehltal
Bären-bachskopf
Wilde Gera
Bettelmanns-kopf
Jagdstein
700
Gerastollen
Hans-Kehr-Stein
Braunsteinweg
Bucher Pirschhaus
Mittelberg
739
Kamerun
Gehlberger

12. Oberhof – Struth-Helmershof

Vom Rennsteig hinab zu den Kernwiesen

Ausgangspunkt: Busbahnhof in Oberhof. Anfahrt auf der B 247 **Bahn:** Erfurt–Arnstadt–Grimmenthal | **Bus:** Oberhof: MBB-Bus 421–423, 425, 428, 454; RVG-Bus 856, 860; Struth: MBB-Bus 448, 452, 453 | **Charakter:** Der größte Teil der Streckenwanderung verläuft, immer wieder aussichtsreich, auf breiten und bequemen Wegen und folgt dem Rennsteig. In Oberhof kann ein breit gefächertes Freizeitangebot in Anspruch genommen werden, in Struth wandern wir am Schwimmbad vorbei | **Einkehr:** In Oberhof, am Grenzadler (Gasthaus „Schanzenbaude", „Thüringer Hütte" 10–18 Uhr) und in Struth-Helmershof | **Karte:** KOMPASS Nr. 812

Mittel | 21 km | 140 hm / 510 hm | 5:15 Std.

Der Rennsteigabschnitt dieser Tour verbindet den traditionsreichen Wintersportort Oberhof mit der pittoresken Talgemeinde Struth-Helmershof. Einige Aussichtspunkte erlauben uns einen weiten Panoramablick über das Thüringer Land.

Vom Busbahnhof in **Oberhof** folgen wir der Tambacher Straße und biegen vor der Gaststätte „Waldschlößchen" links in ein Sträßchen ein („Grenzadler"). Nach den letzten Häusern (in einer ausgeprägten Linkskurve) verlassen wir den Teerweg und gehen geradeaus in den Wald. Der bequeme Forstweg führt uns, der Beschilderung folgend, zum **Wanderparkplatz „Grenzadler"**. Beim Grenzstein mit dem eingesetzten preußischen Adler verlief bis 1945 die Grenze zwischen Sachsen-Gotha-Coburg und der ehemals hessischen, später preußischen Enklave Schmalkalden. Wir überqueren die Straße und passieren die DKB-Ski-Arena (Austragungsort der Biathlon-WM 2004) rechts und links das Gasthaus „Thüringer Hütte" sowie den Eingang zur Kaserne am Rennsteig – heute Standort der Sportfördergruppe der Bundeswehr. An letzterer vorbei folgen wir der Rennsteigmarkierung (Weißes R) auf den unbefestigten Weg nach halbrechts. Die Kennzeichnung leitet uns vorüber an zwei schlichten Fliegerdenkmälern und hin zur Schutzhütte „Axl", vor der wir uns halbrechts halten. Beim Tourenkilometer 6 wird der **Gustav-Freytag-Stein** (Schutzhütte) erreicht. Eines der letzten großen Werke dieses nicht unumstrittenen Schriftstellers („Die Ahnen") spielt teilweise in

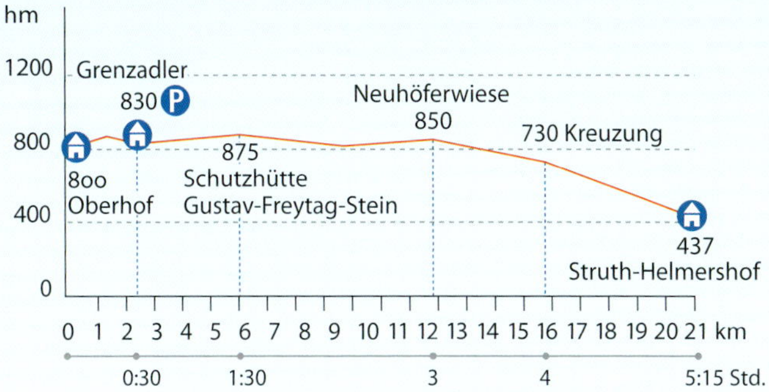

der Region um den nahen 893 m hohen Donnershauk. An der Verzweigung hinter dem Wegweiser „Hirtenrasen" bleibt unsere Route links, ebenso am nahen Querweg. Bald stoßen wir auf den Aussichtspunkt Hoher Schorr und die Schutzhütte „Wachsenrasen". 800 m hinter dieser schwenkt die Wanderung an einer Verzweigung links und gelangt zur Schutzhütte an der **Neuhöferwiese**. An der hiesigen Kreuzung biegen wir, weg vom Rennsteig, nach links Richtung „Struth" ein. Lediglich 100 m später halten wir uns „Am Räsle" rechts (Rotstrich). An der markanten Gabelung nach 1,5 km leitet uns die Kennzeichnung rechts aufwärts. Am Richtungszeiger nach dem Pirschhaus „Salzkopf" biegt die Tour links, genauso wie an der bald erreichten **Kreuzung** mit Schutzhütte. Durch eine offene und aussichtsreiche Weidelandschaft der Kernwiesen wandern wir in weiten Serpentinen ins Tal. An einer weiteren markierten Kreuzung hält sich die Route scharf rechts. Der befestigte Weg lotst uns hinab bis zum Ortsrand von **Struth**, wo wir uns halbrechts wenden, vorbei am Schwimmbad (Bademöglichkeit). Bis ins Ortszentrum mit der Kirche und dem „Thüringer Hof" ist es nicht weit.

Weidelandschaft bei Struth.

759
Nähertalskopf
791
Roßkopf
850
Bärengraben
Badegraben
Steudingsborn
Rennsteig
Wachsenrasen
Keupelstein
Gräfenhainer Straße
Kerngrund
Roßkopf
Bärenstei
854
Trinius-
stein
Zimmerkopf
Teufelsbad
Saukopf
869
866
Oberschönauer Straße
Petersberg
774
Petersberger Straße
Haselbachstollen
Donnershauk
893
Kachelofen
Rote Hohle
Zimmerbach
Katzen-
stein
515
Oberschönau
Gustav-Freytag-
Stein
Greifenberg
901
Langer Grund
Hohe Möst
887
Möststeine
867
Schutzhütte
Karin 901
Rennsteig
Zwölf
Apostel
Ski-u.
Wander-
hütte
Skirollerstrecke
898
Finsterbachkopf
Großer
Hermannsberg
867
Forsthaus
Kanzlersgrund
Finken-
stein
873
Falkenstein

Flohbach
Flohwand
Floh-
357
Lutherweg
497
Großer
Steinberg
505
Rödersberg
691
Schul-
wiesen
Lichtenbachstein
Struth-Helmershof
437
Höhe
493
Wolfstal
Kernwiesen
Rinderberg
565
752
Kernberg
543
Kohlberg
569
Schöntal
Museums-
wanderweg
Besucher-
bergwerk
Finstertal
Laudenbachtal
Ziegelhütte
Dürre Stille
Stuberweg

0 500 m

Großer Münzeberg
774
Bergander Hütte
Buchborn Pirschhaus
Minkwitzfelsen
Triefstein
Wegscheide
Bergwacht Ohrdruf
Münzeberg Pirschhaus
793 Kleiner Münzeberg
Klinge
Lindenweg
Deutsche Alleenstraße
Soldatenborn
Langer Grund
Schloßbergka
Zwieselstein
Herrenweg
Kammerbacher Pirschhaus
Grauer Stein
Wadeberg
Lärchenkopf
761
247
Alter Berg
852
Silbergrund
Räuberstein
Bobbahn
Pirschhausweg
Silberteich
800
Obere Schweizerhütte
NSG
Ringweg
Kläranlage
D
Fallbacher Brunnen
Rodelbahn
Herzogl. Bobbahn
Np.Info
Biathlonstadion Grenzadler
N
OBERHOF
800
812
START
D
Schanzenbaude
Schule
Ringweg
Thüringer Wintersportmuseum
Haselborn
R
Harz
wald
Großvaterstuhl
Schützenberg
904
Café
Stein 16
R
Eck

quellen
Kleiner
745
Buchenberg
Radwanderweg
Steinbacher Stra
Pirschhaus Salzkopf
Salzkopf
Sperrhügel
W
Wedelbachteich
a
l
d
814
Hubenst
Schmalkalder Loibe
DAV-Hütte Rote Hög
Rote Hög
886
D
Wanderweg der Deutschen Einheit
Roßkopf
850
Rennsteig
Wachsenrase
Ausspanne
Wanderhütte Jahnhütte
Oberlautenberg
854
Neuhöferwiese
Bergrettungsdienst Rotterode
Rudelshagen

13. Luisenthal – Radebrechegrund

Hinauf zum Steigerhaus

Ausgangspunkt: Das Brauereimuseum in Luisenthal. Anfahrt auf der B 247 | **Bahn:** Gotha–Gräfenroda, Erfurt–Grimmenthal. **Bus:** RVG-Bus 856, 860, 862, 865 | **Charakter:** Auf einsamen Waldwegen erreichen wir das idyllisch gelegene Gasthaus „Steigerhaus". Hinab geht es auf teilweise recht abschüssigen Wurzelpfaden | **Einkehr:** Das Gasthaus und Brauereimuseum in Luisenthal (Di–So ab 11 Uhr) sowie das „Steigerhaus" (Di–So ab 10 Uhr) | **Karte:** KOMPASS Nr. 812

Mittel | 12 km | 270 hm 270 hm | 3 Std.

Das Gasthaus und Brauereimuseum in Luisenthal lädt vor oder nach der Tour zu einem Besuch ein, genauso wie das „Steigerhaus" hoch über dem Ort. Ein wild-romantischer Abstieg, im Herbst ein Eldorado für Pilzfreunde, bringt uns zurück zum Ausgangspunkt.

Beim Brauereimuseum in **Luisenthal** verlassen wir das Ohratal und gehen auf der Langenburgstraße aufwärts. Nach einigen Metern biegt die Tour beim Haus Nr. 5 rechts auf den unbefestigten Weg ein und überquert später den Bach im Radebrechegrund sowie die Wirtschaftsstraße gerade. Am Wegweiser „An der Dittelsquelle" wandern wir hinein in den Lehmgrund in Richtung „Steigerhaus". 500 m weiter schwenkt unsere Route rechts auf den Herzogweg ein (Roter Punkt: „Pirschhaus"). Beim Aufstieg geht man an einer undeutlich mit Wegweisern markierte Kreuzung geradeaus und folgt der spärlichen Kennzeichnung bis zu einer Forststraße beim einsam gelegenen **Pirschhaus**. Auf dem breiten Weg laufen wir nach links und stoßen schließlich auf einen befestigten Querweg, auf dem sich die Tour ebenfalls links wendet. Gleich ist das nahe und über hundertjährige „**Steigerhaus**" mitten im Wald erreicht, das zu einer zünftigen Rast einlädt. Nur noch ein kurzes Stück folgen wir der Waldstraße (Gelbes Viereck), wobei sich unterwegs der Abstecher zur Hohlen Eiche lohnt. Wieder auf dem breiten Wege schwenken wir unweit des wohl 900 Jahre alten Baumes beim Abzweig nach „Luisenthal über Radebrechegrund" links (Grünstrich!) ein. Im weiteren Verlauf ist unbedingt auf diese oft spärliche Markierung zu achten! Auf dem ersten Kilo-

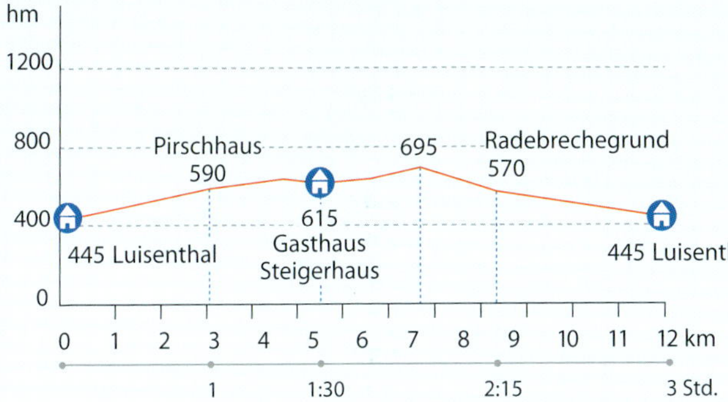

meter halten wir uns an markanten Verzweigungen eher rechts, nach dem Erreichen einer Anhöhe bei einem Hochstand biegt die Tour dagegen links abwärts ein. Wenige Schritte weiter wird eine Forststraße gerade überquert. Gleich danach schwenkt die Route auf einen fast parallel verlaufenden Waldweg halblinks ein und quert später erneut einen breiten Weg. Steil geht es hinab, vorbei an der idyllischen Quellgrotte „Schönebrunn", hin zur Forststraße im **Radebrechegrund**, der wir links talwärts folgen. Immer rechts des Baches wandernd, stoßen wir schließlich auf den Wegweiser „Dittelsquelle" und gehen auf bekanntem Wege in den Ort zurück, wo uns das **Brauereimuseum** in **Luisenthal** empfängt.

Das Steigerhaus lädt zur Rast ein.

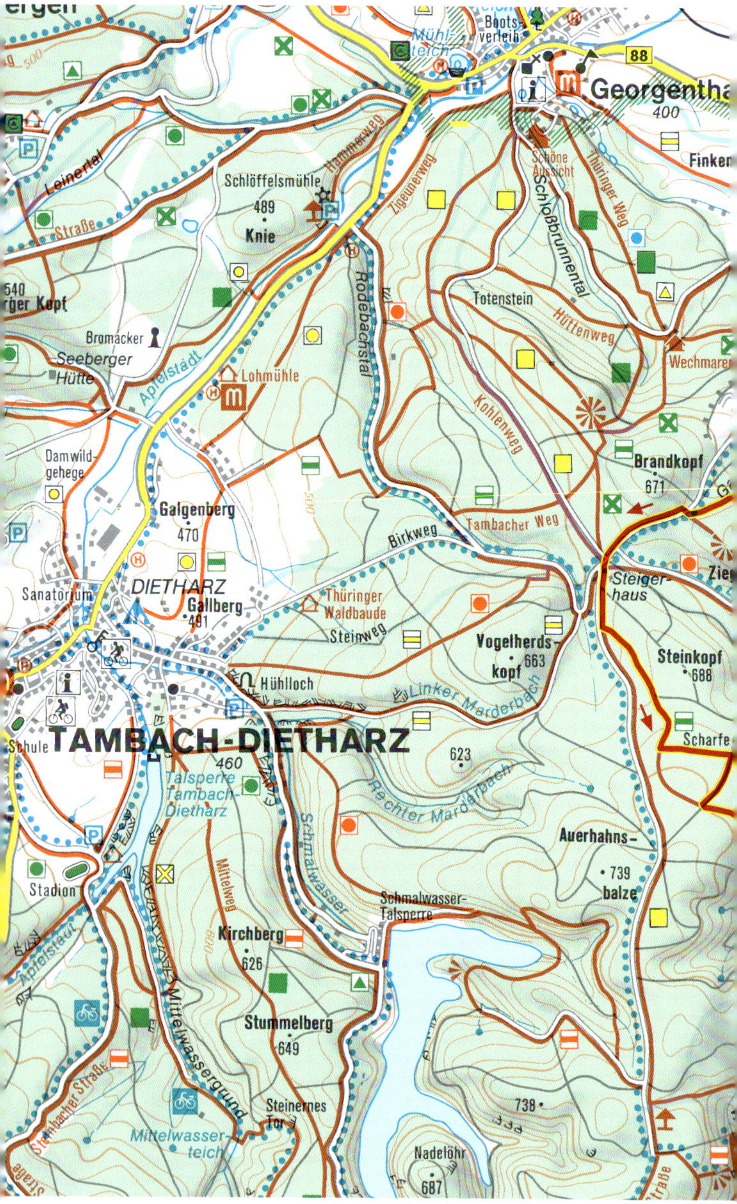
Georgenthal
400
Boots-verleih
Mühlteich
88
Finken
Leinertal
Straße
Schlöffelsmühle
489
Knie
Hammerweg
Zigeunerweg
Schöne Aussicht
Schloßbrunnental
Thüringer Weg
Rodebachstal
Totenstein
Hüttenweg
Wechmarer
540
Bromacker
Seeberger Hütte
Apfelstädt
Lohmühle
Kohlenweg
Damwild-gehege
Brandkopf
671
Galgenberg
470
Tambacher Weg
Birkweg
Steiger-haus
Sanatorium
DIETHARZ
Gallberg
491
Thüringer Waldbaude
Steinweg
Vogelherds-
663
kopf
Steinkopf
688
Hühlloch
Linker Marderbach
Scharfe
Schule
TAMBACH-DIETHARZ
460
623
Talsperre Tambach-Dietharz
Rechter Marderbach
Schmalwasser
Auerhahns-
739
balze
Stadion
Mittelweg
Schmalwasser-Talsperre
Kirchberg
626
Apfelstädt
Mittelwassergrund
Stummelberg
649
Steinbacher Straße
Steinernes Tor
738
Mittelwasser-teich
Nadelöhr
687
Straße
0
500 m

OHRDRUF
Schloß
Ehrenstein
stadt
Nauendorf
Np-Info
Am Schinds
Gräfenhain
406
509
Goldberg
452
in Bau 2004
Schöne Aussicht
Knöpfelsberg
518
Steigerstraße
Scherershütte
541
Schloßberg
Pirschhaus
Tobias-
hammer
88
Sommerwand
Thüringer Weg
Linden-
stein
Bf. Luisenthal
Kirchgrund
Ohra
590
Lehmgrund
Steiniger
Berg
594
558
Ziegenhöhler
Hammerwand
START
Luisenthal
445
Radebrechegrund
Stutzhaus
Kien-
berg
Zimmertal
Kaiserweg
Zum Luchs
Schwarz-
wald
745
Streitberg
699
Ruine Käfernburg
Turmberg
659
Klotzegrund
Weißbacher
Stein
Krummetalsfelsen
Ohratalsperre

14. Struth-Helmershof – Weidensuhlwiese

Vom Brückenfelsen zum Fuß des Sperrhügels

Ausgangspunkt: Gasthaus „Thüringer Hof" im Zentrum. Anfahrt auf der B 247 bis Oberhof bzw. auf der B 19 bis Schmalkalden, dann nach Struth-Helmershof | **Bahn:** nein | **Bus:** MBB-Bus 448, 452, 453 | **Charakter:** Breite Wald-, Wiesen- und Wirtschaftswege leiten zum Rennsteig und wieder hinab nach Struth. Der Rückweg führt am Schwimmbad des Ortes vorbei | **Einkehr:** In Struth und im Imbiss der Bergwacht bei der Weidensuhlwiese (Sa ab 13 Uhr, So 10–17 Uhr, sonst witterungsbedingt) | **Karte:** KOMPASS Nr. 812

Leicht | 13,25 km | 303 hm 303 hm | 3:30 Std.

Die Tour erkundet die durch Wiesen und Weiden geprägte aussichtsreiche Landschaft um das schöne Struth-Helmershof und tangiert auch den Rennsteig. Die ausgedehnte Weidensuhlwiese lädt zur Rast ein.

Vom „Thüringer Hof" in **Struth-Helmershof** folgen wir der Ortsdurchgangsstraße abwärts. Nach 250 m schwenken wir rechts auf den Mühlenweg ein, der uns zum Ortsrand bringt. Beim Haus Nr. 16 hält sich die Tour rechts und verläuft auf dem befestigten Weg. Die Gelbstrich-Markierung begleitet uns nun während der gesamten Tour. Kurz vor der Verkehrsstraße biegt die Route am Wegweiser rechts, überquert einen Bach und folgt dem schmalen Pfad durch den Buchenwald. Beim Flächennaturdenkmal **Brückenfelsen** (ausgewiesen zum Schutz seltener Moose und Flechten) nahe der Straße verläuft die Wanderung auf dem Fahrweg geradeaus weiter. An der etwa 500 m entfernten Verzweigung halten wir uns links und ignorieren gleich die abbiegenden Wanderpfade. Unser befestigter Weg führt uns zuverlässig bergan und geht allmählich

KOMPASS INFO

Die Thüringer Bergwacht
1920 entstand in Bayern erstmalig eine Bergwacht. Fast gleichzeitig gründete auch das DRK einen Gebirgsunfalldienst. Unter dessen Dach arbeitete später auch der Bergrettungsdienst der DDR. Nach 1990 organisierte sich auch die Thüringer Bergwacht auf Länderebene neu.

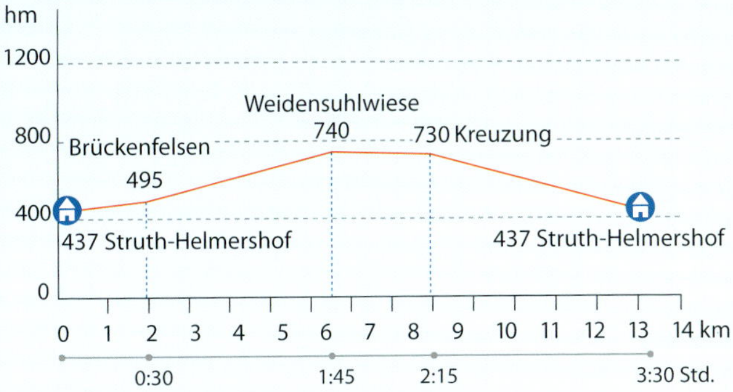

in einen verwachsenen Waldweg über. Nach dem schließlich recht steilen Anstieg erreichen wir bei der weiträumigen **Weidensuhlwiese** mit schönem Blick auf den Sperrhügel eine Schutzhütte und den Rennsteig. Dem Fernwanderweg folgen wir aber nur wenige Meter nach rechts. Gleich beim Wegweiser hält sich die Wanderung sofort wieder rechts in Richtung „Struth". Unweit unserer Route betreibt die Thüringer Bergwacht je nach Witterungslage einen kleinen Imbiss in der oberen der beiden idyllisch gelegenen Finnhütten. Die schöne Wiese ist ein guter Platz für eine entspannte Rast, denn im weiteren Verlauf sind keine Anstiege mehr zu erwarten. Die Tour verläuft nun nahezu eben und aussichtsreich bis zum beschilderten Abzweig zum Pirschhaus „Salzkopf". Auch diese **Kreuzung** überschreiten wir geradeaus. Die offene und aussichtsreiche Weidelandschaft der Kernwiesen begleitet uns nun kurvenreich ins Tal. Erneut stoßen wir auf eine markierte Kreuzung und schwenken hier scharf rechts. Der befestigte Weg leitet uns abwärts bis zum oberen Ortsrand von **Struth**, wo wir uns halbrechts wenden, vorbei am Schwimmbad (Bademöglichkeit). Bis ins Ortszentrum mit der barocken Kirche aus dem 18. Jahrhundert und dem „Thüringer Hof" ist es nicht weit.

Nahe der Weidensuhlwiese.

Haderholz-
stein
708
Hundsrück
577
Weihertal
Haderholzgrund
Bärental
Mittlerer
835
Höhnberg
Bergsee
Falken-
steinburg
Gakenstein
Hohe Straße
617
792
Vorderer Höhnweg
Buchborn
451
Tennelberg
Bergbau-
Lehrpfad
Maßkopf
588
Mönchstein
701
Stein
Seligenthal
Laudenbach
Kaiserkopf
527
Nesselgrund
Steinrück
Schnellbach
Brückenfelsen
Floh-
357
497
Großer
Steinberg
Flohbach
Rödersberg
691
505
Lutherweg
Neue Hütte
Hohe Straße
400
Höhe
493
START
Struth-Helmershof
437
Wolfstal
Steinbach
543
Rinderberg
565
WEIDEBRUNN
Kohlberg
569
Schöntal
Museums-
wanderweg
Besucher-
bergwerk
Finstertal
Ziegelhütte
ASBACH
343
Mühlberg
Hachelstein
521
Berggasthaus
Queste
Komberg
495
Hohe Rod
557
Ebertsgrund
Asbach
Rechtal
Spatgrube
Stadion
ROHR-
KOMPASS
0
500 m

TAMBACH
NSG
Spitterfall
Ebertswiese
Hohe Leite
Möseweg
Tambacher
Rechte Tammich
Lutherweg
Lutherbrunnen
Alte Ausspanne
761 Glasberg
Rennsteig
Großer
661 Mittelrain
Wald
Linke Tammich
Kirchtal
Nesselberg
747
Judenborn
Heuweg
Lutherweg
Neue Ausspanne „Grenze"
Balzweg
Bielsteine
Nesselhof
NSG
Nesselgrund
Nesselberghaus
Krämerod
764
Apfelstädtgrund
Bergwachthütte Suhl Helmershof
Frankengrund
696
666
Wiesenberg
Kaltes Wasser
Wand
Weidensuhlwiese
Apfelstädtquellen
Wedelbach
Radwanderweg am Rennsteig
Wasser-
Kalte-
Pirschhaus Salzkopf
Salzkopf
Sperrhügel
Lichtenbachstein
W
a
Wedelbachteich
814
Kernwiesen
Schmalkalder Loibe
DAV-Hütte Rote Hög
752
Kernberg
886
Rote Hög
Ausspanne
Oberlautenberg
854
Wanderhütte Jahnhütte
Neuhöferwiese
Bergrettungsdienst Rotterode
Dürre Stille
Stuberweg
Rudelshagen
Gräfhütte
Flieger-denkmal
612
Silber-wiese
Koppenstein
Tambacher Straße
Hubertusbrunnen
Gasberg
Moosburg
Hoher Berg
Königsweg
600
Unter-lautenberg
683
697

15. Oberschönau – Hohe Möst

Die Kletterfelsen über dem Kanzlersgrund

Ausgangspunkt: Die Kirche in Oberschönau. Anfahrt auf der B 247 bis Oberhof, dann nach Oberschönau | **Bahn:** nein | **Bus:** MBB-Bus 454, 457, 458 | **Charakter:** Prägend für die Wanderung sind neben den atemberaubend panoramenreichen Aussichtsfelsen auch die Wegführung über viele abschüssige, verwachsene und teilweise schwierig zu findende Wurzelpfade
Einkehr: In Oberschönau | **Karte:** KOMPASS Nr. 812

Schwer | 12,75 km | 375 hm 375 hm | 3:15 Std.

Das ausgesprochen idyllisch im Kanzlersgrund gelegene Bergdorf Oberschönau ist Ausgangs- und Endpunkt einer an Panoramen reichen Tour in recht steilem Gelände, das wir uns über Wurzelpfade erschließen.

Von der Kirche in **Oberschönau** folgen wir der Hauptstraße 200 m abwärts und biegen in die Zimmerbachstraße ein, auf der die Route immer geradeaus (bald im Wald) aufwärts verläuft („Wachsenrasen"). Der Abzweig zum Petersberg wird ignoriert. Etwa 400 m nach diesem schwenkt die Wanderung in einer ausgeprägten Serpentine am Bachlauf markiert Richtung „Schwarzer Graben/Wachsenrasen" ein.
Achtung: An einer unscheinbaren Verzweigung folgen wir dem Gelbstrich nach rechts. Kurvenreich erklimmen wir den Steilhang und gehen schon weit oben auf einem Querweg 20 m nach rechts, bevor wir gleich wieder auf einen Pfad links einschwenken. Dieser bringt uns endlich zur **Schutzhütte „Wachsenrasen"**. Von dieser wandern wir auf dem Rennsteig mit seiner markanten Kennzeichnung in Richtung „Schmücke". Gleich links fällt der Gedenkstein für den am Nanga Parbat vermissten Günter Jung auf. Als Mitglied einer thüringisch-sächsischen Expedition stand er am 30. Juni 2004 auf dem Gipfel und stürzte wenige Stunden später beim Abstieg in den Tod. Beim Weiterweg beeindruckt rechts das Panorama beim Hohen Schorr. An einer markanten Verzweigung halten wir uns bald rechts. Zuverlässig leitet uns das Weiße R vorbei am Hirtenrasen zur **Schutzhütte „Gustav-Freytag-Stein"**. Hier schwenkt die Tour (weg vom Rennsteig) rechts in Richtung „Hohe Möst" ein. Wenige Schritte weiter ignorieren wir den rechts abgehenden Weg und wandern geradeaus bis zur **Schutzhütte „Karin"**. Nun wendet sich die Wanderung am Richtungszeiger nach rechts.

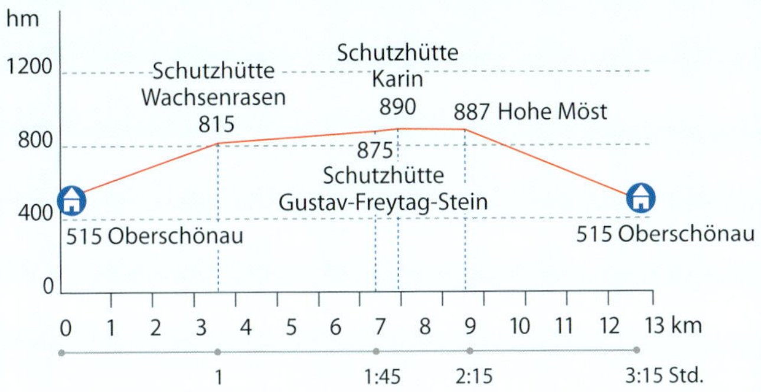

Etwa 800 m weiter geht es geradeaus am Abzweig „Kanzlersgrund" vorbei. Wenige Schritte entfernt wählen wir an der Gabelung die rechte Variante („**Hohe Möst**"). Der Ausblick vom 887 m hohen Felsgipfel ist überwältigend. Gleich am höchsten Punkt beginnt ein in südwestliche Richtung führender, steiniger Pfad, der nach 100 m auf einen Waldweg stößt. Hier biegen wir rechts ein („12 Apostel") und stoßen gleich auf den Aussichtsfelsen Vordere Möst mit Blick auf Oberschönau und den weiten Kanzlersgrund. Auch hier geht es direkt vom Aussichtspunkt aus auf einem Wurzelpfad weiter hinab in die bereits genannte Richtung. Am nahen Fahrweg schwenkt die Route rechts bergab, nur um kurze Zeit später erneut links auf einem Pfad weiter zu führen. Steil talwärts wandernd stoßen wir schließlich auf die routenreichen Kletterfelsen der 12 Apostel und gehen dann weiter in Richtung „Oberschönau". Gleich wird ein Fahrweg gerade überschritten. Achtung: Durch Holzrückearbeiten wurde der Pfad in Mitleidenschaft gezogen. Er führt jedoch immer geradeaus hinab. (Alternativ kann man auch der Forststraße links abwärts und dann dem nächsten großen Wirtschaftsweg rechts Richtung Ort folgen.) Nach 400 m (zuletzt in Serpentinen) erreicht die Wanderung einen Waldweg und hält sich links. An der Wirtschaftsstraße biegen wir schließlich rechts abwärts ein und gelangen, vorbei am sehenswerten Ehrenmal, ins **Zentrum**.

Heidevegetation beim Hohen Schorr.

Kleiner
745
Buchenberg
Sperrhügel
Wedelbachteich
814
DAV-Hütte Rote Hög
Schmalkalder Loibe
886
Rote
Hög
Wanderweg der Deutschen Einheit
Roßkopf
850
Hubenstein
Rennsteig
Wachsenrasen
Steudingsbach
Ausspanne
Wanderhütte Jahnhütte
Neuhöferwiese
Oberlautenberg
854
Bergrettungsdienst Rotterode
Gräfhütte
Rudelshagen
854
Hellenberg
798
Trinius-stein
Zimmerkopf
Silberwiese
Koppenstein
Oberschönauer Straße
Petersberg
774
Petersberger Straße
Haselbachstollen
Moosburg
Hoher Berg
697
Königsweg
600
Unter-
683
lautenberg
Lautenbach
Hellenbach
Zimmerbach
Katzenstein
515
START
Oberschönau
Ober-
hammer
Unterschönau
Kleiner 674
Hermannsberg
Möststeine
867
Zwölf Apostel
684
Arnsberg
Hallenburg
Ski- u. Wanderhütte
STEINBACH-
485
Härterweg
Großer
Hermannsberg
867
Forsthaus Kanzlersgrund
Finkenstein
Dörnbach
679
Dicker Berg
Knüllfeld
Ganswiese
Steinhauk
786
Kanzlersberg
HALLENBERG
Scheitelkopf
646
700
NSG
700
Ziegenloh
693
Brand
Eschental
Knüllwiese

0 500 m

Trockentalskopf
755
Steiniges Tal
Schmalwasserstollen
Altenfels
Naturdenkmal
Röllchen
Jägerstein
Falkenstein
Ölbergklippen
Nähertalskopf
791
Badegraben
Keupelstein
Grätenhainer Straße
Kerngrund
Kernwasser
Mönchtal
Roßkopf
Bärenstein
Teufelsbad
Kleiner
Böhler
714
Böhlerstein
Luchsenste
Großer
711
Böhler
Böhlerdelle
Bergander
Hütte
Großer
Münzeberg
774
Bergwacht
Ohrdruf
Münzeberg
Pirschhaus
793
Kleiner
Münzeberg
Pechhüttendelle
Zwiesel-
stein
Klinge
Saukopf
869
Kammerbacher
Pirschhaus
Grauer
Stein
866
Donnershauk
893
NSG
Alter Berg
852
Rote Hohle
Schießplatz-
wiese
Silbergrund
Silber-
teich
Pirschhausweg
800
Gustav-Freytag-
Stein
Greifenberg
901
anger Grund
Schutzhütte
Karin 901
E3
Rennsteig
Skirollerstrecke
Fallbacher
Brunnen
Biathlonstadion
Grenzadler
Rodelbahn
Ober
Schweizerhü
898
Finsterbachkopf
Schanzenbaude
Haselborn
Schützenberg
904
Kohlenbachsgrund
873
Falkenstein
Falkengraben
Café
Schanze am
Rennsteig
860
Hoher Stein
Kanzlersgrund
877
NSG
Moos-
lehrpfad
Hoch-
moor
898
Zellaer Loibe
Dietz
Radelsgraben
Waldhaus
Kanzlersgrund
Haselbach
Gebrannter
897
Stein
Rennsteig-
Dolmar-Weg
Veilchenbrunnen
Hundsrück
Reitwege
Kaltenbrunner
Tafel-
fels

16. Tambach-Dietharz – Steinernes Tor

Vom Schmalwasserstausee zur Tambacher Sperre

Ausgangspunkt: Altes Postamt in Tambach-Dietharz. Anfahrt auf der B 88 bis Georgenthal, dann nach Tambach-Dietharz **Bahn:** nein | **Bus:** RVG-Bus 850, 851, 865 | **Charakter:** Zu Beginn der Wanderung sind längere Asphaltpassagen zurückzulegen, die zweite Tourenhälfte prägen Wurzelpfade . Nahe dem nördlichen Ortsteil Lohmühle kann eine der bedeutendsten Saurierfundstätten Europas besucht werden. | **Einkehr:** In Tambach-Dietharz | **Karte:** KOMPASS Nr. 812

Leicht | 12,5 km | 250 hm 250 hm | 3 Std.

Vom malerischen Tambach-Dietharz, einst an der ältesten Handelsstraße Deutschlands zwischen Leipzig und Frankfurt gelegen, erwandern wir zwei Talsperren und treffen mitten im Wald auf das eindrucksvolle Steinerne Tor.

Beim Alten Postamt in **Tambach-Dietharz** biegen wir in die Poststraße ein. Kurz darauf schwenkt die Route rechts in die Oberhofer Straße und folgt ihr bis in den Wald. Dabei passieren wir den Wanderabzweig zum Steigerhaus bei einem Parkplatz und gehen geradeaus bis zum Wanderparkplatz beim **Eisborn** weiter. Dort folgt die Tour bei der Brücke dem Pfad am Schmalwasserufer aufwärts. Beim Gewässerkundlichen Archiv wechseln wir auf die Straße und tauchen wenige Schritte weiter rechts steil ansteigend in den Hangwald ein. Am nahen Sträßchen geht es aufwärts weiter, wobei sich die Wanderung beim Wegweiser „Am Staudamm" rechts hält. Am Stauseerundweg bietet sich ein schöner Blick auf die **Schmalwassertalsperre** und auf das ebenso eindrucksvolle rückwärtige Panorama bis hin zum Großen Inselsberg an. Die Staumauer der 1995 eingeweihten Sperre zählt zu den höchsten in Deutschland. Am Ende des Schmalwassergrundes stand einst die Burg Waldenfels, wo um 1260 der Vogt Eckehard seinen Dienst tat. Er war der Vater des berühmten mittelalterlichen Theologen, Philosophen und Mystikers Meister Eckhart, der auf der Feste vielleicht auch geboren worden ist. Der Rundweg leitet uns ansteigend zu einer Schutzhütte und der beschilderten **Kreuzung „Kirchberg"** wenig später. Hier bie-

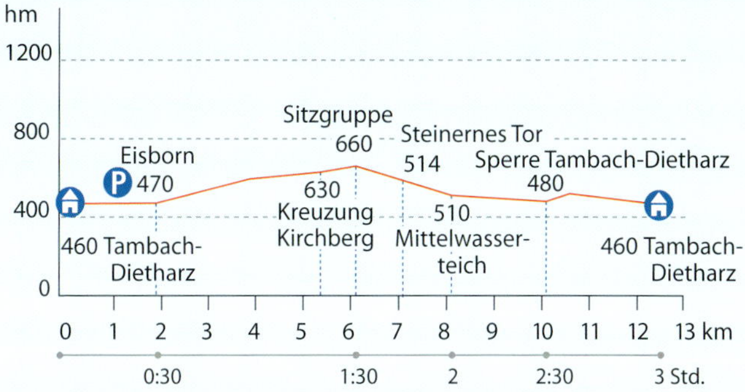

gen wir halbrechts (nicht scharf rechts) in Richtung „Steinernes Tor" ein. Nach einem knappen Kilometer hält sich die Wanderung „Am Buchenberg" bei der überdachten **Sitzgruppe** rechts. Der Rotstrich lotst uns durch dichten Wald hinab. Achtung: Etwa 1,5 km weiter biegen wir auf einen markierten Wurzelpfad links abwärts ein!

Gleich durchschreiten wir das einsame und bizarre Naturdenkmal des **Steinernen Tores** und stoßen dann auf den **Mittelwasserteich**. Am Querweg schwenkt die Route rechts ein. Allerdings hält sich die Tour bereits nach wenig mehr als einem Wanderkilometer an der Muhhalterdelle links und folgt einem Steig aufwärts in den Wald.

Die Talsperre Schmalwasser.

KOMPASS

0 500 m

KOMPASS INFO

Die Saurierfunde vom Bromacker
Auf dem Bromacker nahe dem nördlichen Ortsteil Lohmühle machten Paläontologen im Jahre 1974 eine sensationelle Entdeckung: Zwei dicke Tonschichten innerhalb einer Sandsteinformation gaben die bedeutendste Fundstätte für Saurierfossilien aus der Zeit des Perm außerhalb der USA frei. Die Zeitspanne des Perm liegt 250 bis 300 Millionen Jahre zurück. Bisher konnten auf dem Bromacker unter anderem 40 Skelette von 12 Reptilienarten freigelegt werden. Spektakulärster Grabungserfolg war die Sicherung eines vollständigen Skelettes des „Tambacher Ursauriers" Diadectes absitus, der vor etwa 290 Millionen Jahren lebte. Mit den Funden konnte auch die These von der einstigen Existenz eines Urkontinents Pangäa untermauert werden: Einige der hier entdeckten Arten waren bereits von Ausgrabungsstätten aus den USA bekannt. So arbeiten hier seit 1993 amerikanische und deutsche Paläontologen Hand in Hand. Dies wird sicher auch so bleiben, denn bisher konnte nur ein Bruchteil der vermuteten Grabungsfläche erkundet werden.
Ein kleiner Rundweg erschließt für Interessierte das Gelände. Führungen können unter der Telefonnummer 03252/34428 vereinbart werden. Im Ort lädt die Lohmühle, Gasthaus, Technik- und Traditionsmuseum in einem, zum Besuch ein (Montags geschlossen).

Im Tal fällt der Mittelwasserstollen auf, der die Tambach-Dietharz-Talsperre mit dem Schmalwasserstausee verbindet. Die Markierung leitet uns durch den Wald, bis mit der **Talsperre Tambach-Dietharz** die älteste Trinkwassersperre Thüringens erreicht ist. Hinter der Brücke gehen wir aufwärts und biegen beim Sportplatz rechts ein. In **Tambach-Dietharz** wandern wir dann links des Flüsschens durch den ruhigen Park zum Ausgangspunkt zurück.

Naturdenkmal Steinernes Tor.

17. Georgenthal – Steigerhaus

Zisterzienserkloster, Hexenturm und Hahnemann

Ausgangspunkt: Das Haus des Gastes „Klosterhof" in Georgenthal. Anreise auf der B 88 | **Bahn:** Gotha–Gräfenroda | **Bus:** RVG-Bus 845, 850–52, 856, 857, 865 | **Charakter:** Auf Waldwegen und einsamen, teils steilen Wurzelpfaden erschließen wir uns die Bergwelt zwischen Georgenthal und dem „Steigerhaus" **Einkehr:** In Georgenthal, dem „Steigerhaus" (Di–So ab 10 Uhr) und in der „Wechmarer Hütte" (Di–So) | **Karte:** KOMPASS Nr. 812

Mittel | 9,5 km | 230 hm / 230 hm | 2:15 Std.

Viele alte Villen verleihen dem ehemaligem Kurbad noch heute einen mondänen Charme. Unbedingt sollten die verbliebenen Zeugnisse der alten Klosteranlage (insbesondere das Kornhaus) besichtigt werden, bevor wir uns auf den steilen Pfad hinauf zum „Steigerhaus" begeben.

Beim „Klosterhof" in **Georgenthal** überqueren wir auf der Straßen-

KOMPASS INFO

Georgenthals Klostergeschichte
Die Geschichte Georgenthals wird mir der Gründung des Zisterzienserklosters im 12. Jahrhundert greifbar. Das klösterliche Leben bestimmte bis zur Osternacht 1525 die Geschicke des Ortes, dann ging es in den Wirren des Bauernkrieges unter und die großartige Anlage verfiel zusehends. Bis ins 16. Jahrhundert diente die Ruine gar als Steinbruch. Erst 1852 spülte ein Hochwasser die zu dieser Zeit bereits ins Erdreich versunkenen Säulen und Mauerreste frei und die ehemalige Größe der Anlage wurde wieder erahnbar. Heute verweist insbesondere das wuchtige Kornhaus mit seiner romanischen Fensterrosette auf den architektonischen Glanz vergangener Zeiten. Ab 1600 baute man ein ehemaliges Klostergebäude zur herzoglichen Sommerresidenz um, welches heute als Pflegeheim genutzt wird. In diesem Gebäude betrieb Dr. Samuel Hahnemann 1792 bis 1794 die erste homöopathische Anstalt für psychisch Kranke in Deutschland. Der nahe dem Kornhaus gelegene Hexenturm mahnt an die düstere Epoche der Inquisition. Hier saßen die Beschuldigten der Georgenthaler Hexenprozesse im 17. Jahrhundert ein.

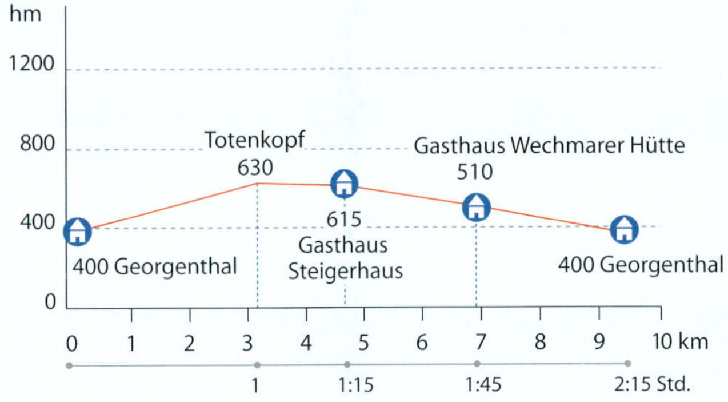

brücke die Apfelstädt und wandern auf ihrem Uferstäßchen flussaufwärts. Wir folgen dem Teerweg ein Stück um den Kurpark, dem ehemaligen Klostergarten, (hier nicht auf den Zigeunerweg einbiegen!) und halten uns an der Asphaltgabelung rechts. Nur 200 m weiter schwenkt die Tour an der Verzweigung erneut rechts in Richtung „Steigerhaus 5 km" ein (Gelbes Viereck). Stetig laufen wir bei mäßiger Steigung aufwärts und ignorieren diverse Abzweigungen. Erst bei einigen großen Buchen leitet uns ein Wegweiser auf einen Pfad nach links. Auf diesem überquert die Wanderung nach wenigen Schritten eine Forststraße gerade. Der teilweise stark verwachsene Weg

Das Kornhaus auf dem Klostergelände.

Catterfeld
Ziegelberg
Leitnersgrund
Hirzberg-baude
Bf. Georgenthal
Alten-
bergen
Kandelaber
485
Hammerteich
Bootsverleih
Mühlteich
START
88
Georgenthal
400
Finkenberg
Schöne Aussicht
Thüringer Weg
Schloßbrunnental
Zigeunerweg
Hammerweg
Schlöffelsmühle
489
Knie
Rodebachstal
Totenstein
Hüttenweg
Wechmarer Hütte
Bromacker
Seeberger Hütte
Apfelstädt
Lohmühle
Kohlenweg
Brandkopf
671
Gabeltal
672
Ziegelberg
Galgenberg
470
Birkweg
Tambacher Weg
Steiger-
haus
DIETHARZ
Gallberg
491
Thüringer Waldbaude
Steinweg
Vogelherds-
kopf
663
Steinkopf
688
Hühlloch
Linker Marderbach
Scharfe Hög
TAMBACH-DIETHARZ
460
623
Talsperre Tambach-Dietharz
Rechter Marderbach
Schmalwasser
Auerhahns-
739
balze
Mittelweg
Schmalwasser-
0
500 m

leitet uns bergauf, wobei unbedingt auf die Markierung zu achten ist – einige unscheinbare Gabelungen warten nur darauf, den Wanderer in die Irre zu führen. (Bei einer Verzweigung, an der sich die Kennzeichnung auf beide Wege zu beziehen scheint, ist die linke Variante die richtige.) Wir überschreiten schließlich unmerklich eine Anhöhe dicht beim Gipfel des **Totenkopfes** und stoßen 500 m weiter auf einen vielfach markierten Querweg. Hier wendet sich die Tour nach rechts. Allerdings werden wir später auf dem Rückweg an diese T-Kreuzung zurückkehren. Eine weitere Kreuzung nach 150 m überqueren wir gerade, ignorieren den gleich abzweigenden grün gekennzeichneten Wanderweg und halten uns an der nahen Gabelung rechts. Endlich beim schön gelegenen „**Steigerhaus**" angekommen, lohnt hier durchaus eine Einkehr. Wir wandern nun zur bekannten T-Kreuzung unterhalb des Totenkopfes zurück, verlassen an dieser Stelle die gelbe Kennzeichnung und folgen dem Blauen Punkt geradeaus abwärts. Im Zweifel die talwärtige Wegvariante wählen. Schließlich stößt die Route auf die einsame und gastliche „**Wechmarer Hütte**" mit einem idyllischen Biergarten. Durch diesen gehen wir hindurch und lassen uns dann von der blauen Markierung auf dem Thüringer Weg, über alle Querwege hinweg, bis in den **Ort** leiten.

Epitaphen der Klosterruine.

18. Friedrichroda – Tanzbuche

Marienglashöhle und Ungeheurer Grund

Ausgangspunkt: Der Markt in Friedrichroda. Anreise auf der B 88 | **Bahn:** Fröttstädt–Friedrichroda | **Bus:** RVG-Bus 831, 840, 844, 846, 856, 857 | **Charakter:** Breite Wege erschließen uns die waldreiche Region westlich des Kurortes | **Einkehr:** In Friedrichroda, bei der Marienglashöhle (10–17 Uhr) sowie im Berggasthof „Tanzbuche" | **Karte:** KOMPASS Nr. 812

Leicht | 11,25 km | 275 hm 275 hm | 2:45 Std.

Friedrichroda kann mit etlichen Sehenswürdigkeiten aufwarten, wozu auch das 1828 gebaute Schloss Reinhardsbrunn (errichtet auf uralten Klostermauern, heute in Privatbesitz) zählt. Vorbei am gediegenen Kurpark passieren wir gleich am Beginn der Wanderung die Marienglashöhle, ein Schaubergwerk mit einer der schönsten Kristallgrotten Europas. Danach taucht die Tour in einen urigen, naturbelassenen Mischwald ein und verläuft weiter zum schönen Berggasthof „Tanzbuche".

Vom Markt in **Friedrichroda** folgen wir der Tabarzer Straße, von der die Route am Kurpark in die Büchiger Straße abzweigt. Am Waldrand verläuft die Wanderung geradeaus weiter, nutzt dafür aber den Pfad etwas oberhalb des Fahrweges. Bald stoßen wir bei dem großen orangefarbenen Gebäude auf das äußerst sehenswerte **Schaubergwerk Marienglashöhle**. Danach wandern wir weiter auf dem Steig parallel zum breiten Weg. Schließlich wird der Bach mit dem schönen Namen Badewasser überquert. Hier biegt die Tour beim Wegweiser an der Schutzhütte

KOMPASS INFO

Die Marienglashöhle
Eigentlich hoffte man bei der bergbaulichen Erkundung des Abtsberges auf reiche Kupferlagerstätten. Stattdessen stießen die Bergleute 1778 auf ein ergiebiges Gipsvorkommen. Bedeutender war jedoch die Entdeckung eines großen, mit Calciumsulfatkristallen ausgefüllten Hohlraumes. Dieses durchsichtige Material von feinem Perlmuttglanz wurde fortan insbesondere bei der Verzierung von Altären, Gemälden, Monstranzen und Kronleuchtern eingesetzt. Die Ausschmückung der in der sakralen Kunst häufigen Marienbildnisse brachten dem Kristall den Namen Marienglas ein.

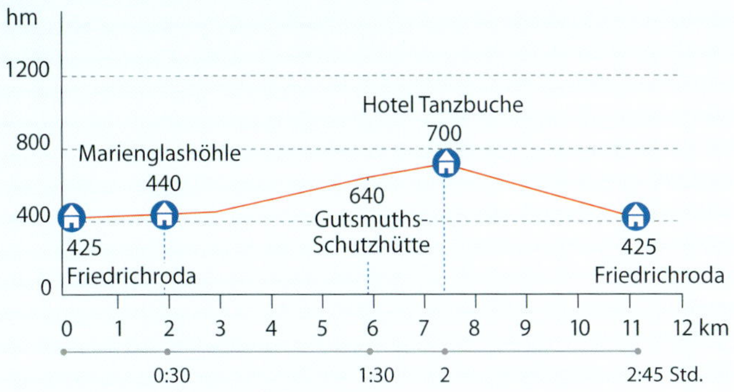

rechts talaufwärts in Richtung „Tanzbuche“ ein. Dichter Mischwald begleitet uns zunächst auf dem Weg durch den Ungeheuren Grund. Wir bleiben immer im Haupttal und schwenken so auch am Richtungszeiger nach etwa einem Kilometer halbrechts in die genannte Richtung. Der nächste Wegweiser schickt uns auf eine ausgedehnte Serpentine nach rechts. Bald erreicht die Route die Kreuzung an der „**Gutsmuths-Hütte**“ und folgt hier dem asphaltierten Radweg links aufwärts. An einer markanten beschilderten Gabelung biegt die Wanderung erneut links und legt nun, vorbei am Trinius-Stein, das letzte Wegstück zur „**Tanzbuche**“ zurück. Einst soll man sich auf der nahen Lichtung anlässlich des Johannistages zum Tanze unter den ausladenden Bäumen versammelt haben. Der **Gasthof** lädt zum Verweilen ein, bevor wir unseren Rückweg auf dem abwärts führenden befestigten Weg beginnen. Dieser, der Burgweg, leitet uns immer geradeaus bergab. Die vielen Einmündungen rechts und links sind zu ignorieren. Bei den ersten Häusern von **Friedrichroda** (der Pension „Tannenrausch“) schwenken wir auf der Straße links und erreichen bald das Zentrum.

August-Trinius-Erinnerung an den Thüringer Wandersmann.

Töpfersberg
415
Nonnenberg
439
Wachkopf
476
Kurklinik
Deysings-lust
Kesselg
475
Kuhplatz
Fischbach
Bergbühne
380
NSG
Strom-häuschen
Schule
Np-Info
Kur-u. Familienbad
Kreuz-wiese
Fischbacher
Cabarz
Tabarz
390
Krankenhaus
Hp.Inselsberg Express
Hübel
Datenberg
641
Hübelskopf
694
Bonifazius-wiese
Windlöcher
651
Gebrannter Berg
696
Schweizerhaus
Lutherbrunnen
Rotenberg
Hexenbank
Zimmerberg
629
Thüringenweg
Neuer Weg
Ochsenweg
Schöneleite
736
Sembachtal
Masse
Hexen bank
Übelberg
712
Ungeheurer Grund
Schauberg
Marienglas
Schorn
Lauchagrund
Felsental
Pantoffelweg
NSG
Torstein
Aschen-berystein
Roter Turm
684
Aschenberg
Trief-stein
Falkenstein
916
Rabelsberg
Laucha
Fünffarmiger Wegweiser
Tenneberg
728
Simmetsberg
713
Reitsteine
Grenzwiese
Sommer-rodelbahn
Großer Wagenberg
Kleiner Weißenberg
Tanzbuche
Trockenberg
808
Gelber Weg
Kleiner Jagdberg
Heideschenke
Gr. Jagdberg
814
Gabelwasser
Hörberg
726
Schmal-kalde-quelle
Rennsteig
Kühle
Kalte Heide
831
687
Langer Berg
677
Heuberg-haus
Heuberg
718
Alttal
Adolfsquelle
Heisterbachgraben
Linsenkopf
Glasbachsteine
Pirsch-haus
728 Roh
Roh-quelle
Reit-bahn
669
710
Kuhplatz
Hohe Scharte
813
766
Nesselbach

0 500 m

Eichberg
431
Benediktiner
Geizenberg
Ziegelberg
417
426
Hexenrasen
Hohe Wurzel
467
Quelltal
pfad
Mittelberg
472
519
Klostermühle
Tanne
IBENHAIN
NSG
Salzmann-Schule
Hp. Waltershausen-Schnepfenthal
Rödicher Teich
350
SCHNEPFENTHAL-RÖDICHEN
Cumbach Teich
Igelsteiche
Hermannstein
Wachkopf
456
Hp. Reinhardsbrunner Teiche
Schwarzbachprom.
Kallenbachsteiche
Badewasser
Fischlehrpfad
Stift Reinhardsbrunn
Hillsplatz
Steinforst
435
Steinforstpromenade
483
Reinhardsberg
Dammühle
Schloss Reinhardsbrunn
Bf. Reinhardsbrunn
Philosophenweg
400
Thüringer Waldbahn
Vorsterpromenade
Krankenhaus
Trinkbrunnen
Kurpark
Dachsberg
489
Dachsgraben
START
Trinkbrunnen
Gänsekuppe
598
Gottlob
572
Philosophenweg
Grillplatz
88
Engelsbach
FRIEDRICHRODA
425 Höhenweg
„Adolphsblick“
Körnberg
634
Königsweg
Bierweg
Hörselsteig
632
Schauenburg
Kreuzweg
500
Körnbergwasser
Steigermühle
Ölberg
527
Bauerngrund
Rodelbahn
505
Roter Weg
Schilfwasser
Finsterberg
Hainfelsen
Finsterberg
490
Rodelbahn
Spießberghaus
Großer Frosch
Heuberg
570
Bauernweg
Paulfeld
Drusenborn
Eisbrunn
Brandkopf
Erlebnisbereich „Brandleiteteich“
Schnecken-Bachsweg
Rennsteig

19. Friedrichroda – Schloss Tenneberg

Auf Klosterpfaden

Ausgangspunkt: Der Markt in Friedrichroda. Anreise auf der B 88 **Bahn:** Fröttstädt–Friedrichroda | **Bus:** RVG-Bus 831, 840, 844, 846, 856, 857 | **Charakter:** Breite Waldwege und Wurzelpfade leiten durchs abwechslungsreiche Friedrichrodaer Umland | **Einkehr:** In Friedrichroda, bei der Marienglashöhle (10–17 Uhr), in Tabarz sowie im Cafe „Deysingslust" (Sa–Mi ab 13.30 Uhr) und im Schlosscafe Tenneberg (Mi–So ab 11 Uhr) | **Karte:** KOMPASS Nr. 812

Mittel | 16,25 km | 240 hm 240 hm | 3:30 Std.

Die Marienglashöhle (ein Schaubergwerk mit einer der schönsten Kristallgrotten Europas), der idyllische Ort Tabarz und das Schloss Tenneberg sind nur einige der Höhepunkte, die durch diese Wanderung verbunden werden. Über weite Strecken wandern wir auf dem Benediktinerpfad, der an das bis zum Bauernkrieg mächtige Kloster Reinhardsbrunn in Friedrichroda erinnert.

Vom Markt in **Friedrichroda** wandern wir auf der Tabarzer Straße aufwärts bis zum Kurpark. Hier biegt die Route links in die Büchiger Straße ein. Der Waldrand wird erreicht, die Wanderung führt hier geradeaus weiter, nutzt dafür aber den Pfad etwas oberhalb des Fahrweges. Wir passieren bald das orangefarbene Gebäude des Restaurants des **Schaubergwerks Marienglashöhle**. Die vielleicht größte Kristallgrotte Europas ist in jedem Falle einen Besuch wert (April–Okt.: 9–17, Nov.–März: 9–16 Uhr). Danach wandern wir weiter auf dem Steig parallel zum breiten Weg. Nach der Bachüberquerung gehen wir an der Schutzhütte gerade vorbei und wandern weiter auf schmalem Pfad („Tabarz"). Geradeaus erreichen wir auch den schönen Ort **Tabarz** und folgen dort der Friedrichrodaer und der Zimmerbergstraße abwärts. Nun verläuft die Tour auf der Walterhäuser Straße bis zu deren Ende, überschreitet an der Ampel die Verkehrsstraße und orientiert sich am Wegweiser in Richtung „Deysingslust". An der nahen Gabelung schwenkt die Wanderung rechts und vor der ausgeprägten Rechtsserpentine verläuft sie am Richtungszeiger entsprechend der Beschilderung „Benediktinerpfad" ansteigend in den Wald. Bald gelangt

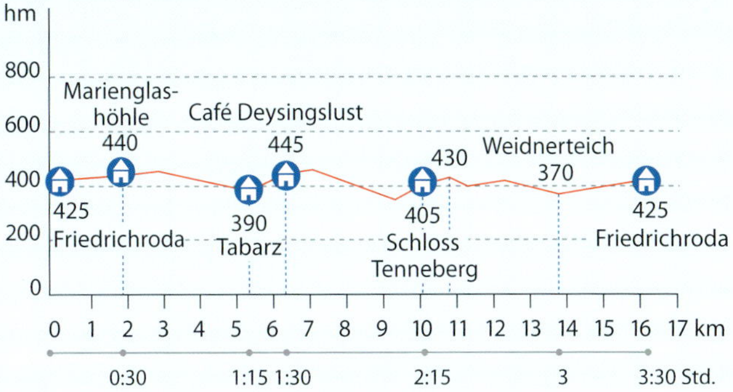

unsere Route zum wunderbar aussichtsreichen **Café „Deysingslust"** mit Blick auf Tabarz und den mächtigen Inselsberg. Wir wenden uns nach rechts und folgen dem Fahrweg vorbei an einigen Häuschen kurz bis zur Rechtskurve. Hier geht es beschildert geradeaus neben einem Forstweg weiter. Bei der überdachten Sitzgruppe am „Kuhplatz" biegt die Tour links ein. Die Streckenführung unserer Tour ist auf dem nächsten Abschnitt aufgrund der lückenhaften Markierung etwas unübersichtlich. Wir wandern vorbei an allen Abzweigen (u. a. zur „Laitenbaude") stets geradeaus. An einer Kreuzung werden die Wanderwege zur genannten Baude und zu den Kestnerteichen ignoriert, kurze Zeit später halten wir uns jedoch an einer Gabelung links. Die Tour mündet auf einen Forstweg, dem die Route wenige Schritte geradeaus folgt. An der nahen Verzweigung verlassen wir den Benediktinerpfad und wandern gerade entsprechend der Gelbstrich-Kennzeichnung. Achtung: An der Gabelung 200 m weiter schwenken wir unmarkiert rechts und biegen nach der gleichen Distanz ebenfalls ohne Kennzeichnung auf einen Wurzelpfad ein. Im Talgrund nutzen wir die Brücke und lassen uns nun von der Beschilderung zum **Schloss**

Schloss Tenneberg.

Tenneberg leiten. Die im 12. Jahrhundert erstmals erwähnte Feste ist mit einer bekannten Thüringer Sage verbunden: Friedrich der Freidige, Thüringer Landgraf, soll sein Kind von der belagerten Wartburg hierher zur Taufe gebracht haben. Im Schloss lädt das Heimatmuseum (Mi–So 10–16/17 Uhr) und das Schlosscafé zu einem Besuch ein. Danach verläuft die Wanderung gegenüber dem Eingang auf dem Wege etwas oberhalb der Straße (Benediktinerpfad). Die Kennzeichnung führt uns (gleich an der Gabelung rechts) zunächst um den Burgberg und nach der Schutzhütte von diesem hinab. An seinem Fuß gehen wir links, überqueren die beschilderte Kreuzung gerade und halten uns an der nächsten Verzweigung rechts. Durch den Wald folgen wir der Beschilderung zur Kreuzung „Hexenrasen", wo die Route nun auf dem Fahrweg links hinab verläuft. Der breite Weg führt vorbei am Komstkochteich und schließlich abwärts bis zum **Weidnerteich**. Über die Brücke gelangt die Tour

Bei Waltershausen.

Touristeninfo in Tabarz.

zur Straße, quert sie schräg nach rechts versetzt und nutzt den Weg zwischen den Teichen. Etwas später biegt die Route am Wegweiser links ein, überschreitet die Bahnlinie und wendet sich danach rechts. Die Grünkreuz-Markierung bringt uns endlich zu den ersten Häusern von **Friedrichsroda** und durch den Kurpark ins Zentrum.

KOMPASS INFO

Das Benediktinerkloster Reinhardsbrunn

Ein Auftragsmord, so will es die Legende, stand Pate für die Stiftung des Klosters Reinhardsbrunn. Ludwig der Springer, bekannt auch als Erbauer der Wartburg, habe den Ehemann seiner späteren Frau Adelheid hinterrücks ermorden lassen. Schuldgefühle hätten beider Herzen gedrückt, so dass als Sühne der Klosterbau initiiert worden sei. Ein im Walde lebender Töpfer namens Reinher wies den thüringischen Landesherren schließlich auf ungewöhnliche Lichterscheinungen in der Nähe seines Brunnens hin. Ludwig nahm dies als himmlisches Zeichen, Standort und Name des Klosters waren gefunden. Reinhardsbrunn wurde 1085 gegründet und bald von Benediktinern bezogen. Nach kurzer Zeit schon gehörte das Kloster zu den bedeutendsten geistlichen Herrschaften im Lande, was auch sein Status als Grablege der Landgrafen von Thüringen dokumentierte. Aber alle Macht ist vergänglich und so setzte im 13. Jahrhundert ein allmählicher Niedergang ein. In der Osternacht des Jahres 1525 eroberte und plünderte ein aufständisches Bauernheer die Anlage, die sich von diesem Schlag nie mehr erholen konnte und zusehends verfiel. Erst 1828 errichtete Herzog Ernst I. von Coburg und Gotha auf den Grundmauern des Klosters ein Lust- und Jagdschloss, welches sich heute in Privatbesitz befindet.

Polarskopf
433
Deuberg
392
Schwarzhausen
LANGENHAIN
351
433
Grübelsberg
443
88
Pflegeheim Langenhain
Sommerberg
418
Emsetal
Sandberg
415
Otterbachsteich
Töpfersberg
415
Nonnenberg
439
Deysings-
Wachkopf
476
Kurklinik
Kesselg
475
Kuhplatz
380
Bergbühne
Fischbach
Schule
NSG
Stromhäuschen
Np-Info
Kur-u. Familienbad
Kreuzwiese
Fischbacher
Cabarz
Tabarz
390
Hp. Inselsberg Express
Krankenhaus
Hübel
Datenberg
641
Bonifaziuswiese
Hübelskopf
694
Windlöcher
651
Hexenbank
Zimmerberg
629
Thüringenweg
Gebrannter Berg
696
Schweizerhaus
Lutherbrunnen
Meuer Weg
Ochsenweg
Rotenberg
Hexenbank
Übelberg
712
Schauber
Marienglas
Schorn
Sembachtal
Schöneleite
736
Masse
Ungeheurer Grund
Lauchagrund
Aschenbergstein
Roter Turm
684
Aschenberg
Triefstein
Falkenstein
Felsental
NSG
Torstein
Pantoffelweg
916
Fünffarmiger Wegweiser
Tenneberg
728
Simmetsberg
713
Rabelsberg
Großer Wagenberg
Lauche
NSG
Reitsteine
Grenzwiese
Sommerrodelbahn
Kleiner Weißenberg
Trockenberg
Tanzbuche

enlinden-
41b
WALTERS-
HAUSEN
325
WAHLWINKEL
Thüringerwaldbahn
Hp.
Gleisdreieck
Wald-
altar
NSG
Burgberg
Eichberg
Benediktiner
Geizenberg
Ziegelberg
417
426
Hexen-
rasen
Hohe Wurzel
467
Quelltal
pfad
IBENHAIN
Salzmann-
Schule
Hp. Waltershausen-
Schnepfenthal
Rödicher
Teich
350
SCHNEPFENTHAL-
RÖDICHEN
Igels-
teiche
Cumbach
Teich
472
519
Tanne
Klostermühle
Hermannstein
Wachkopf
456
Kallenbachs-
teiche
Badewasser
Fisch-
lehrpfad
Stift
Reinhards-
brunn
Hp. Reinhards-
brunner Teiche
Schwarzbachprom.
Hillsplatz
Steinforst
435
Steinforstpromenade
483
Reinhards-
berg
Dammühle
Schloss
Reinhardsbrunn
Bf. Reinhards-
brunn
Philosophenweg
Thüringer Waldbahn
Dachsberg
489
Dachsgraben
Krankenhaus
Trinkbrunnen
Kur-
park
START
Trinkbrunnen
Quer
463
Engelsb
Gänsekuppe
598
Gottlob
572
Philosophenweg
Grill-
platz
88
FRIEDRICHRODA
425
Höhenweg
Bierweg
„Adolphsblick“
Hörsel-
steig
632
Körnberg
634
Königsweg
Schauenburg
Kreuzweg
500
Körnbergwasser
Steigermühle

20. Winterstein – Großer Inselsberg

Wo der Hund begraben liegt

Ausgangspunkt: Die Burgruine in Winterstein. Anreise auf der B 88 bis Schwarzhausen, dann nach Winterstein | **Bahn:** nein **Bus:** RVG-Bus 840-42, VGW-Bus L-42 | **Charakter:** Abschüssige, verwachsene und teils schwierig zu findende und morastige Wurzelpfade leiten uns hinauf auf den Inselsberg mit seinem spektakulären Panorama. Auf ebensolchen Wegen wandern wir zurück | **Einkehr:** In Winterstein sowie auf dem Inselsberg **Karte:** KOMPASS Nr. 812

Schwer | 11 km | 546 hm 546 hm | 3 Std.

Der kleine Ort Winterstein kann mit einer märchenhaften Burgruine (sehenswerte Heimatstube auf dem Gelände), dem sagenumwobenen Grab des Hundes Stutzel zu Füßen des Bauwerks und einer schönen Kirche aufwarten. Sehr steil erklimmen wir dann auf ausgesprochen naturbelassenen Wurzelpfaden durch dichten Wald den Inselsberg.

In **Winterstein** von der schönen Wasserburgruine der Herren von Wangenheim aus dem 14. Jh. mit dem kuriosen Hundegrab folgen wir der Dorfstraße aufwärts. Einen knappen Kilometer weiter biegt die Tour links in das malerische Sembachtal ein. Bei den letzten Häusern wandern wir auf dem Fahrweg an der Längsseite (!) des Sportplatzes entlang und laufen bald links des Baches bergan. Etwa 700 m nach dem Fußballplatz (und kurz nach der Abzweigung eines Rundwanderweges nach rechts!) gehen wir über eine Holzbrücke ebenfalls nach rechts (nicht geradeaus!). Die Route erreicht die **Bonifazius-Wiese** mit einer Jagdhütte und schwenkt hier nicht (!) mit dem Fahrweg scharf links. Wir gehen hier vielmehr über die Brücke und wandern geradeaus auf dem verwachsenen Weg direkt am Bach weiter (nicht rechts!). Der Aufstieg ist spektakulär: Mächtige Buchen formen Hallen über unseren Köpfen, auf Lichtungen bedrängt uns dichtes Grün. Einige Passagen sind recht morastig. Der Bach leitet uns aufwärts bis der Pfad endlich links aus dem Tal heraus verläuft und zur **Straße** führt. Neben dieser laufen wir auf dem Pfad nach rechts (Gelbes Viereck), überqueren den Wanderparkplatz und gehen auch hier neben dem Asphalt weiter. Nach rund 300 m

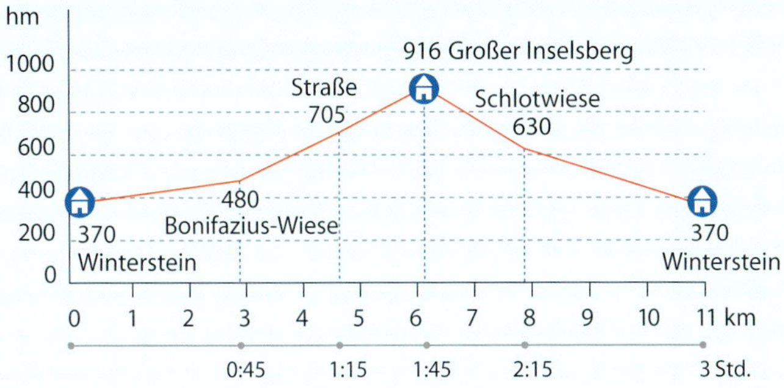

schwenkt der Pfad steil aufwärts ein. Die Kennzeichnung leitet uns nun unter mehrfacher Querung der Straße bis zum **Gipfel des Inselsberges**. Die Aussicht ist gigantisch, der Rummel (besonders an Wochenenden) ebenfalls. Gleich mehrere Gasthäuser, überragt vom Sendeturm, laden hier zum Verweilen ein.

Burgruine Winterstein.

Auf dem Inselsberg.

Das legendäre Hundegrab.

KOMPASS INFO

Stutzels Grab
Plastisch tritt Stutzels Abbild aus der Grabplattenoberfläche heraus. Auf dieser sind auch die Namen der Halter vermerkt: Christoph und Anna von Wangenheim setzten ihrem treuen Begleiter ein Denkmal, um das sich viele Mythen ranken. Den Legenden nach wurden nur ihm während des Dreißigjährigen Krieges wichtige Depeschen nach Gotha anvertraut, manche erwähnt auch einen recht pikanten, amourösen Inhalt der Briefchen. Nach dem Tode des Vierbeiners 1630 musste dann auch die gesamte Dienerschaft zur Beweinung antreten, wobei auch Zwiebelscheiben zum Einsatz gekommen sein sollen, um den Tränenfluss zu verstärken. Angeblich begrub man den Hund zunächst auf dem Friedhof, erst der Spott der Nachbardörfer und der Zorn der geistlichen Obrigkeit bewirkte die Verlegung des Grabes an den Fuß der Burg.

Der Abstieg beginnt beim Parkplatz des Gasthauses „Stadt Gotha". Gegenüber dem Aufgang zum Sendemast führt eine Treppe hinab zur Skiliftstation, von der uns der Rotstrich bergab lotst. Ein kurzes Stück verläuft die Route über den Skihang, dann orientiert sie sich zum Wald rechts der Piste hin. Geradeaus wandern wir abwärts und erreichen 1,5 km unterhalb des Gipfels eine Kreuzung, die gerade überschritten wird (Markierung!). An der Schutzhütte „**Schlotwiese**" vorbei gehen wir in den Wald. Achtung: Nur 100 m nach der Hütte biegt die Route rechts auf einen unscheinbaren und unmarkierten Waldweg ein. Bald darauf wird eine Kreuzung von Forststraßen gerade überquert. Auf breitem Wege wandern wir hinab, halten uns noch oberhalb der ersten Häuser rechts und gelangen wieder zum Sportplatz und ins Zentrum von **Winterstein**.

Inselsbergblick.

RUHLA
Jonasborn
Breitenberg
697
410
Bermerhütte
Bermer
Emilienruhe
NP-Info
Bergblick
Wanderhütte Königshäuschen
Herrenweg
Vorderer
Thüringenweg
Fuhrsteine
Weinstraße
Heide-köpfchen
Kahle
690
Koppe
Otterbach
Dornsenberg
614
Eislauf-bahn
Fürstenbrunnen
Geißenalm
Hausgrund
Dachslöcher
NSG
Rote Werst
Alte Ruhl
Schanzenband
Mühlrain
Reifstieg
Ungeheurer Grund
Hintere Schwarzbach-wiese
Ruhlaer Skihütte
Kleiner Dreiherrenstein
Nebestein
Hohe Heide
660
Glöckner
702
Ehrenmal
Schiller-buche
Erbstromquelle
Kleiner
724
Weißer Grund
Weißenberg
726
Glasbachwiese
Gerberstein
728
Wüstung Glasbach
Kleine Hirschbalz
Kratzengrund
586
Luther-denkmal
Lutherborn
Großer Weißenberg
745
Dreiherren-stein
Scheffeldenkmal
Teufels-Wiese
Lutherweg
Mühlbergskopf
Große Hirschbalz
641
Zigeu
738
Scharfenberg
542
Schleifkotengrund
Schnepfenberg
677
Mittlerer Beerberg
Schleifkoten-grundschanze
Kratzers Rasen
710
Golmerskopf
684
Unterer Beerberg
Grill-platz
Erz
Gehege

Schmerbach
Galgenkopf
425
433
Grübelsberg
443
Meisenstein
Emse
Emsetal
Sandberg
415
Eichleite
475
Thüringenweg
Nonnenberg
439
Winterstein
START
Wachkopf
476
380
Bergbühne
Fischbach
Langlaufhütte
Knickstein
Winterstein
Hopfenberg
Kreuzwiese
NSG
Stromhäuschen
565
Treppenstein
Kilianstein
Fischbacher
Ernst-Kölner-Weg
Schlotweg
Hübel
Datenberg
641
Hübelskopf
694
Bonifaziuswiese
Windlöcher
651
Breitenberg
697
Schlotsteine
Gebrannter Berg
696
Schweiz
Lutherbrunn
Alter Keller
615
Brotteroder
Kleiner
705
Sembachtal
Rotenberg
Schöneleite
736
Inselsberger Loch
Inselsberg
Schlotweg
Krummer Weg
Trautmannswiese
Drehberg
754
769
Scharfenberg
Großer Inselsberg
Felsental
Pantoffelweg
NSG
Torstein
Fußweg
Grauer Weg
Sender
Rabelsberg
Wanderweg der Deutschen Einheit
NSG
752
Venetianerstein
G.-Lesser-Stein
Reitsteine
Großer Wagenberg
Inselborn
Grenzwiese
Beerberg-
Oberer Beerberg
Günter-Lesser-Hütte
Rennsteig
Brotteroderhütte
Sommerrodelbahn
Trockenberg
808
Käsbergborn
Gelber
700
Heideschenke
Gr. Jagdb
814
Autoschutzweg
Gabelwasser
Axdorf
Hörberg
726
BROTTERODE
Hörbergbrunnen
578
Kugliches Köpfchen
Alttal
Kalte Heide
831

21. Brotterode – Gasthaus „Fuchsbau“

Der Rhönblick vom Mommelstein

Ausgangspunkt: Der zentrale Platz vor der Touristinfo. Anfahrt auf der B 88 bis Tabarz bzw. der B 19 bis Breitungen, dann nach Brotterode | **Bahn:** nein | **Bus:** MBB-Bus 446, 448; VGW-Bus L-42, L-107, L-134, RVG-Bus 857 | **Charakter:** Breite Forstwege führen uns teilweise steil und aussichtsreich an den Hängen des Seimberges bis zum Mommelstein | **Einkehr:** In Brotterode und im Gasthaus „Mommelstein“ (Di–So ab 10) | **Karte:** KOMPASS Nr. 812

Leicht | 9,75 km | 137 hm 137 hm | 2 Std.

Gleich der erste Tourenteil bietet uns einen eindrucksvollen Blick auf Brotterode und das Massiv des mächtigen Inselsberges. Beim aussichtsreichen Mommelstein lädt das schön gelegene Gasthaus und das angeschlossene Rotwildgehege zu einem Besuch ein.

Vom zentralen Platz vor der Touristinfo folgen wir der Post- und der Schützenhofstraße. Letztere verläuft ansteigend genau auf die große Schanzenanlage von **Brotterode** zu und wendet sich dann zum Wald hin. Die Inselsbergschanze ist die größte der fünf Schanzen in der Werner Lesser II Skisprung Arena. Der Weitenrekord aus dem Jahre 2005 liegt bei 123,5 m. Der Forststraße folgen wir bis zum Gasthaus „**Mommelstein**“. Sie steigt recht stark an und ermöglicht bezaubernde Ausblicke auf Brotterode und den Inselsberg. Kurz vor dem Gasthaus lohnt unbedingt der Abstecher zum **Mommelstein** des Ausblicks wegen (800 m hin und zurück). Im Nordwesten thront die Burgruine Liebenstein, während der südwestliche Horizont von den fernen Bergen der Rhön bis hin zu Wasserkuppe und Kreuzberg beherrscht wird. Zurück auf dem breiten Wege stoßen wir gleich auf die idyllisch gelegene **Gaststätte**. Noch vor dem Gebäude biegen wir links auf den Radweg Richtung „Grenz-

KOMPASS INFO

Der große Brand
Brotterode ist 1895 durch einen Großbrand fast vollständig ausgelöscht worden. Zwei zündelnde Knaben lösten das Unglück aus, dem 5 Menschenleben, 329 Wohngebäude, 131 Scheunen, 6 Gasthöfe sowie die Kirche zum Opfer fielen.

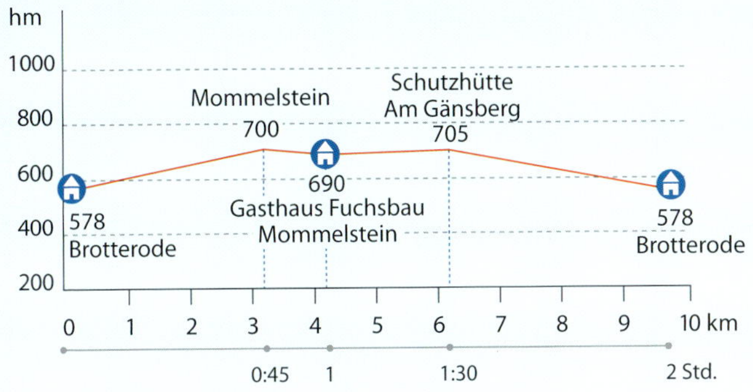

wiese" ein. Der Wanderwegweiser ist etwas versteckt und gibt uns die Destination „Brotterode über Avemark" vor. In jedem Falle ist das Lokal einen Besuch wert, insbesondere auch wegen des bei Kindern beliebten Rotwildgeheges. Wir folgen dann dem gut markierten (Gelber Punkt) und breiten Weg auf und ab und erreichen schließlich auf einer Anhöhe die **Schutzhütte „Am Gänsberg"**. Hier schwenkt die Route rechts auf den Panoramaweg (Gelbes Kreuz) ein. Später überqueren wir eine Verkehrsstraße etwas nach links versetzt und folgen beim Wegweiser dem Panoramaweg am Waldrand. Der bequeme Waldweg leitet uns an der schön eingefassten Rohquelle vorbei. Nur 150 m weiter biegen wir am Richtungszeiger links abwärts (Grüner Strich) ein. Achtung: Nur 30 m später schwenkt unsere Wanderung rechts auf einen schmalen Wurzelpfad und gelangt aussichtsreich am Sportplatz vorbei ins Ortszentrum von **Brotterode**.

Brotterode und der Inselsberg.

KOMPASS

0 500 m

Großer
Inselsberg
916
769
Scharfenberg
Drehberg
754
Schnäbiger
Grund
Fußweg
Großer
Weißenberg
Dreiherrenstein
Grauer Weg
Sender
Rabels
NSG
Wanderweg der Deutschen Einheit
Venetianerstein
G.-Lesser-Stein
Reitsteine
752
Inselborn
Grenzwiese
Zigeunerkopf
738
Beerberg-
Oberer Beerberg
Günter-Lesser-Hütte
Rennsteig
Brotteroderhütte
Sommerrodelbahn
Mittlerer Beerberg
Käsbergborn
700
Heide
Autoschutzweg
Gabelwasser
Axdorf
BROTTERODE
578
Hörberg
726
Hörbergbrunnen
Grillplatz
Kugliches Köpfchen
Alttal
Gehege
715
Waldschlößchen
Hammerholz
ehem. Grube Augusta
START
Linsenk
728 • Roh
Rohquelle
Reitbahn
Hohe Sch
813
Gehegewasser
Am Zainhammer
Seimbergbrunnen
Trimm-Pfad
Kleinschmalkalde
Wald
Gänsberg
718
NSG
803
Seimberg
Wiebach
Wiebachtal
Anisweg
Laudenbach
Solmbach
Mommelstein
Fuchsbau Mommelstein
700
Mommelstein
Pfefferberg
570
Riesiger Stein
Zwergenpark
Alte Leimbacher Straße
Klei
Hohe Warte
Eichenkopf
520
600
Auwallenburg
Besucherbergwerk „Hühn“
Bergbau-Lehrpfad
Bergwachthütte Hohleborn
Schmalkalde

22. Brotterode – Großer Inselsberg

Der heimliche König des Thüringer Waldes

Ausgangspunkt: Der zentrale Platz vor der Touristinfo. Anfahrt auf der B 88 bis Tabarz bzw. der B 19 bis Breitungen, dann nach Brotterode | **Bahn:** nein | **Bus:** MBB-Bus 446, 448; VGW-Bus L-42, L-107, L-134, RVG-Bus 857 | **Charakter:** Ein steiler Anstieg führt uns zum Rennsteig, der als Waldweg zu phantastischen Aussichtspunkten und über den Inselsberg leitet | **Einkehr:** In Brotterode, auf dem Inselsberg sowie bei der Grenzwiese
Karte: KOMPASS Nr. 812

Mittel | 12,25 km | 410 hm 410 hm | 3 Std.

Die Wanderung verbindet einen der schönsten Rennsteigabschnitte mit dem panoramenreichen Inselsberg und dem beliebten Urlaubsort Brotterode im Tal.

Von der Touristinfo im Zentrum von **Brotterode** folgen wir der Bernsbacher Straße aufwärts. Nach 600 m biegen wir rechts auf einen kleinen und unbefestigten, aber beschilderten Weg (Grüner Punkt: „Brotteroderhütte") ein. Die Route verläuft kurz auf einem Beton-, dann aber gleich auf einem Feldweg (vorbei an einem Landwirtschaftsbetrieb) aufwärts. Alle (!) abzweigenden Wege werden ignoriert – es geht immer gerade aufwärts! Auf einer Anhöhe stößt die Tour auf einen Radweg, auf dem wir unsere Richtung beibehalten und geradewegs weitergehen. Wieder ignorieren wir alle Einmündungen. Am Waldrand wird der beschilderte mittlere (ansteigende) Weg gewählt, der uns endlich zur „**Brotteroderhütte**" bringt. Hier schwenken wir rechts auf den Rennsteig (Weißes R) ein und folgen dem bald wieder steil ansteigenden Pfad. Eine ganze Reihe spektakulärer Aussichtspunkte (Beerbergstein, Venetianerstein, Wartburgblick ...) wartet nun auf den begeisterten Wanderer. Ein letzter Anstieg muss noch bewältigt werden,

KOMPASS INFO

Inselsberg oder Inselberg
Weithin sichtbar dominiert der Große Insel(s)berg den Gebirgskamm. Die Bezeichnung des einst als Emseberg bekannten Gipfels wird auf die Benennung einer 1649 errichteten Hütte zurückgeführt: „Mons insularis". Das kleine „s" zwischen Insel- und -berg hat sich dann erst seit kurzem fest- und durchgesetzt.

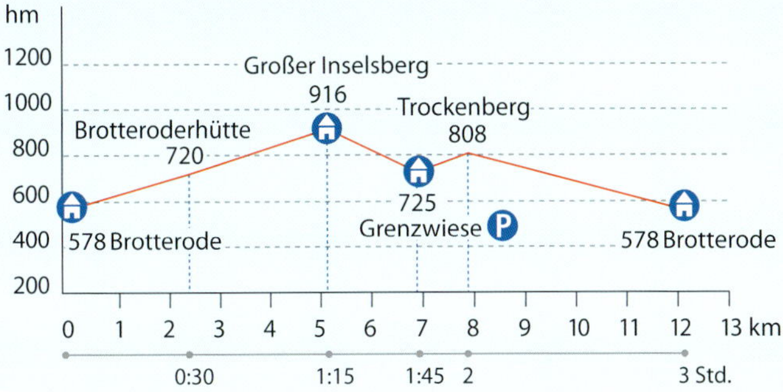

dann ist der Gipfel des heimlichen Königs des Thüringer Waldes erklommen. Der **Große Inselsberg** ist zwar nur das vierthöchste, freistehende Massiv des Gebirges, aber sein mächtiges Erscheinungsbild und das Panorama von oben sind überwältigend. Diverse (und an Wochenenden gut besuchte) Einkehrmöglichkeiten werden noch von den markanten Sendeanlagen überragt. Beim Gasthaus „Stöhr" folgen wir den Treppen abwärts zum Parkplatz. Dort leitet uns das Weiße R hinab zum großen Wanderparkplatz an der **Grenzwiese**. Der Fernwanderweg setzt sich auf der anderen Seite fort. Noch einmal geht es nun steil hinauf bis zur Schutzhütte auf dem Gipfel des **Trockenberges**. Die Erhebung wird gerade überquert. Noch 250 m wandern wir auf dem Rennsteig abwärts, bevor die Tour am Weiser an der Gabelwiese rechts (weg vom Rennsteig) in Richtung „Brotterode" einschwenkt. Wenige Schritte weiter hält sich die Route beschildert links. Am nächsten, ebenfalls recht nahen Richtungszeiger folgen wir der abwärts führenden Forststraße (Gelber Strich: „Brotterode über Alttal"). So wenden wir auch an der nächsten Verzweigung unseren Schritt talwärts („Rohquelle"). Achtung: Bei einem kleinen Wasserwirtschaftshäuschen verlässt die Wanderung die rechte Talseite, hält sich links und setzt sich dort fort. Wenig später biegen wir markiert auf einen kleinen Waldweg rechts ein und gelangen gleich durch eine offene Weidelandschaft zurück nach **Brotterode**.

Auf dem Gipfel des Inselsberges.

KOMPASS

0 500 m

Tabarz
390
Hp. Inselsberg Express
Krankenhaus
Finstere Tanne
88
Hübel
Hübelskopf
694
Windlöcher
Datenberg
641
651
Schweizerhaus
Lutherbrunnen
Rotenberg
Schöneleite
736
Thüringenweg
Hexenbank
Zimmerberg
629
Neuer Weg
Ochsenweg
Hp.
Marienglashöhle
Schaubergwerk Marienglashöhle
Schorn
Hexenbank
Übelberg
712
Masse
Ungeheurer Grund
Felsental
NSG
Pantoffelweg
Torstein
Aschenbergstein
Roter Turm
684
Aschenberg
Triefstein
Falkenstein
Abtsberg
697
Lauchagrund
Laucha
Rabelsberg
Fünffarmiger Wegweiser
Tenneberg
728
Simmetsberg
713
Burgweg
Großer Wagenberg
Kleiner Weißenberg
Tanzbuche
Regenberg
733
Sommerrodelbahn
Trockenberg
809
Gelber Weg
Kleiner Jagdberg
Heideschenke
Gr. Jagdberg
814
Gabelwasser
Hörberg
726
Schmalkalde-quelle
Hellgraben
Rennsteig
Kühles Tal
Heuberghaus
Kalte Heide
831
687
Langer Berg
677
Heuberg
718
Adolfsquelle
Heisterbachgraben
Linsenkopf
Glasbachsteine
Pirschhaus
669
Reitbahn
Hohe Scharte
813
710
Kuhplatz
Nesselbach
748
Spießberg
766
Wanderweg der Deutschen Einheit
Grauer Stuhl
763
Kuhplatz
Löbesberg
Tränkströge
Langer Bach
Goldborn
600
Possenröder Kreuz
Stollenbach
Ebersbach
Waldschänke
Bodendenkmale
Ickersbachfelsen
Hirschbalz
Wald
T h ü r
Naturschutzzentrum Mittelmühle Schullandheim
Ickersbachtal
NSG
Pfefferberg
570
Schöne

23. Ruhla – Brotterode

Weitblick pur – auf dem Rennsteig über den Inselsberg

Ausgangspunkt: Tabakpfeifenmuseum in Ruhla. Anfahrt auf der B 88 bis Thal, dann nach Ruhla | **Bahn:** nein | **Bus:** Ruhla: VGW-Bus L-41, L-43, L-44, L-71; Brotterode: MBB-Bus 446, 448; VGW-Bus L-42, L-107, L-134, RVG-Bus 857 | **Charakter:** Gute Waldwege verbinden das altehrwürdige Städtchen Ruhla mit dem schönen Brotterode. Dazwischen liegen einige der schönsten Aussichtspunkte des Gebirges | **Einkehr:** In Ruhla, im Gasthaus „Dreiherrenstein" (Fr–Mi 10–18 Uhr), auf dem Inselsberg sowie bei der Grenzwiese und in Brotterode | **Karte:** KOMPASS Nr. 812

Mittel | 22,5 km | 649 hm 481 hm | 5:30 Std.

Von dem an Sehenswürdigkeiten reichen Ruhla (Uhren- und Tabakpfeifenmuseum und der nahe Miniaturenpark mini-a-thür) führt uns die vielleicht schönste und aussichtsreichste Rennsteigetappe hinüber auf die andere Seite des Thüringer Waldes.

Beim Tabakpfeifenmuseum in **Ruhla** (Fachwerkhaus aus dem Jahre 1614) laufen wir auf der Dornsengasse gegenüber bergan. 200 m hinter dem Wanderparkplatz „Ententeich" verlassen wir den Asphaltweg in einer Rechtskurve und gehen geradeaus in den Wald (Gelbes Viereck). Auf der bald nur noch mäßig ansteigenden Strecke (immer auf dem Hauptweg bleiben) ignorieren wir schließlich den Abzweig „Triniusblick", überqueren die anschließende X-Kreuzung gerade und stoßen 500 m weiter bei der traditionsreichen Schutzhütte „Ruhlaer Waldhäuschen" auf den Rennsteig. Hier halten wir uns links und folgen der markanten Kennzeichnung des Fernwanderweges (Weißes R). Sie leitet uns vorbei an der Bergrettungsstation „Auerhahn" und einige Schritte weiter nach rechts hinein in den Wald. Der Pfad verläuft in der Nähe verschiedener Forstwege und überquert dann die Kreuzung bei der Schutzhütte „Meilerstätte". Am **Glöckner** lohnt sich der kurze Abstecher der Aussicht wegen. Danach geht es steil hinab zur Straße, die gerade überschritten wird. Gleich stößt unsere Tour auf den Parkplatz mit der **Schillerbuche**, von der leider nur ein Stumpf geblieben ist. Der Rennsteig verläuft nun ein Stück

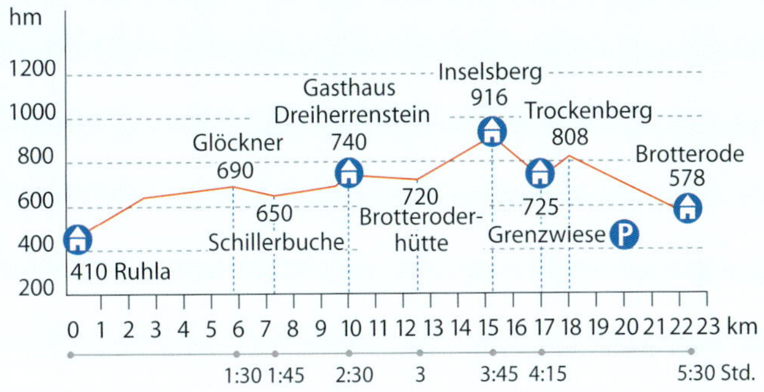

weit neben der Straße, quert diese schließlich und schwenkt von ihr weg. Nachdem wir uns an einem Querweg rechts hielten, überschreitet die Route bald darauf die Kreuzung „Hirschbalzwiese" (Schutzhütte) gerade. Am **Dreiherrenstein** erwartet uns ne-

In Ruhla.

KOMPASS INFO

Grenzen und Gasthäuser
Etwa 100 Jahre nach der ersten Schutzhütte auf dem Inselsberggipfel wurde hier 1774 auch ein kleines Observatorium für astronomische Beobachtungen und vor allem zur Unterstützung von Landvermessungen errichtet. Die letztgenannte Nutzung war von besonderer Wichtigkeit, trafen doch auf dem Kamm des Thüringer Waldes seit Jahrhunderten die Ländereien der unterschiedlichsten Herrschaften aufeinander. Die große Zahl der Grenzsteine am Rennsteig dokumentieren dessen Bedeutung als Territorialgrenze. Genau über das Plateau des Inselsberges verlief so auch die Trennungslinie zwischen dem Herzogtum Sachsen-Gotha und dem Kurfürstentum Hessen (nach dem Deutschen Krieg von 1866 Königreich Preußen). Schon 1810 weihte man mit der „Hessischen Herberge“ das erste Gasthaus auf dem Berg ein. Knapp vier Jahrzehnte später entstand auch auf der anderen Seite der Grenze eine Schankwirtschaft, der „Gothaische Gasthof“ (der heutige Berggasthof „Stadt Gotha“). Der konkurrierende „Preußische Hof“ gegenüber, in dem auch Goethe mehrfach Unterkunft nahm, ist heute als Berggasthof „Stöhr“ ein Begriff – das Familienunternehmen aus Brotterode feierte 1999 ihr hundertjähriges Firmenjubiläum. Komplettiert wurde das Dreierensemble durch den Bau der Jugendherberge zu DDR-Zeiten.

ben dem Victor von Scheffel gewidmeten Denkmal und einer Schutzhütte auch ein Gasthaus. Bei der „**Brotteroderhütte**“ queren wir eine Sternkreuzung. Unser breiter Weg wird bald zu einem recht ruppigen Pfad und steigt steiler an. Dafür reiht sich nun einer Perlenkette gleich ein spektakulärer Aussichtspunkt (Beerbergstein, Venetianerstein, Wartburgblick) an den anderen. Endlich oben, 916 m! Auf dem Gipfel des mächtig aufragenden und weithin sichtbaren **Inselsberges** ist das Panorama überwältigend. Auch an Einkehrmöglichkeiten besteht bei drei großen Lokalen kein Mangel. Alles wird noch von den markanten Sendetürmen überragt. Beim Gasthaus „Stöhr“ folgen wir den Treppen abwärts zum Parkplatz und laufen dort beim Weißen R weiter. Am großen Parkplatz „**Grenzwiese**“ gehen wir gerade vorbei. Der Fernwanderweg setzt sich auf der anderen Seite fort. Erneut steigt unsere Wanderung steil bis zur Schutzhütte auf dem Gipfel des **Trockenberges** an. 250 m weiter schwenkt die Tour dann weg vom Rennsteig: Am Wegweiser an der Gabelwiese biegen wir rechts in Richtung „Brotterode“ ein. Wenige Schritte später hält sich die Route beschildert links und nach weiteren 700 m wählen wir am Richtungszeiger die abwärts führende Forststraße (Gelber Strich: „Brotterode über Alttal“). Dementsprechend geht es auch an der nächsten Verzweigung talwärts („Rohquelle“). Achtung: In der Nähe eines kleinen wasserwirtschaftlichen Gebäudes wechseln wir die Talseite nach links und setzen unseren Weg dort fort. Gleich schwenkt die Tour markiert auf einen kleinen Waldweg rechts ein und verläuft nun aussichtsreich abwärts ins Zentrum von **Brotterode**.

Auf dem felsigen Gipfel des Glöckners.

KOMPASS

0 550 m

Schmerbach
Mittelberg
527
Beerberg
559
Meisenstein
Thüringenweg
Eichleite
475
Otterbach
Winterstein
Langlaufhütte
Thielberg
565
Knick-
stein
Emse
Ernst-Koller-Weg
Schlotweg
Emsetal
Sandberg
415
Nonnenberg
439
Wachkopf
476
Grübelsberg
443
433
425
380
Bergbühne
Fischbach
NSG
Strom-
häuschen
Hopfenberg
Treppen-
stein
Kilian-
stein
Kreuz-
wiese
Fischbacher
Hübel
Datenberg
641
Hohe Heide
660
Toter Mann
Alter
Keller
615
Brotteroder
Emsegrund
Fuchshüttengrund
Breitenberg
697
Schlot-
steine
Bonifazius-
wiese
Sembach
Hübelskopf
694
Windlöcher
Gebrannter
Berg
696
651
Schweiz
Lutherbrunn
Rotenberg
Kleiner
705
Inselsberg
Sembachtal
Schöneleite
736
Krummer Weg
Inselsberger
Loch
Schlotweg
Großer
Inselsberg
916
Felsental
Pantoffelweg
NSG
Torstein
Schnäbiger
Grund
Drehberg
754
Trautmanns-
wiese
769
Scharfenberg
Fußweg
Grauer Weg
Sender
NSG
Rabelsberg
Großer
Wagenberg
Kleine
Weiße
Wanderweg der
Deutschen Einheit
752
Venetianerstein
G.-Lesser-Stein
Reitsteine
Inselborn
Grenzwiese
Zigeunerkopf
Beerberg-
Oberer
Beerberg
Rennsteig
Brotte-
roderhütte
Günter-
Lesser-
Hütte
Sommer-
rodelbahn
Trockenberg
808
Käsbergborn
700
Heideschenke
Gr. Jagdb
814
Autoschutzweg
Gabelwasser
Gelber
Axdorf
Grill-
platz
BROTTERODE
578
Hörbergbrunnen
Hörberg
726
Kalte Heide
831
Gehege
715
Kugliches
Köpfchen
Alttal
Adelsquelle
ehem.
Grube Augusta
Linsenkopf
Pirsch-
haus
Glasbachstein
728
Roh
Roh-
quelle
Reit-
bahn
Hohe Scharte
813
710
Kuhplatz

24. Ruhla – Schillerbuche

Zur Ruhlaer Ski-Hütte

Ausgangspunkt: Das Tabakpfeifenmuseum in Ruhla. Anfahrt auf der B 88 bis Thal, dann nach Ruhla | **Bahn:** nein | **Bus:** VGW-Bus L-41, L-43, L-44, L-71 | **Charakter:** Breite Forstwege leiten uns hinauf auf den zentralen Rücken des Thüringer Waldes und schließlich vorbei an der „Geißenalm-Hütte" zurück nach Ruhla **Einkehr:** In Ruhla, der „Ruhlaer Ski-Hütte" (Di–So ab 11 Uhr) sowie in der Berghütte „Geißenalm" | **Karte:** KOMPASS Nr. 812

Leicht | 16 km | 290 hm | 290 hm | 4 Std.

Das altehrwürdige Uhrmacherstädtchen Ruhla mit seinen vielen Fachwerkhäusern und den unbedingt sehenswerten Museen (Uhren-, Tabakpfeifenmuseum) sowie dem Miniaturenpark mini-a-thür ist Ausgangspunkt der wald- und aussichtsreichen Tour, die über den Rennsteig zur Ruhlaer Ski-Hütte führt.

Vom 400 Jahre alten Gebäude des sehenswerten Tabakpfeifenmuseum in **Ruhla** folgen wir der Dornsengasse gegenüber bergan. Die Route passiert den Wanderparkplatz „Ententeich" und verläuft ca. 200 m hinter diesem geradeaus in den Wald. Dabei verlässt sie den Asphaltweg in einer Rechtskurve (Gelbes Viereck). Der ansteigende breite Weg führt uns vorbei am Abzweig „Triniusblick" und gerade über die anschließende X-Kreuzung. Kurze Zeit später erreichen wir die **Schutzhütte „Ruhlaer Waldhäuschen"** am Rennsteig. Dem Fernwanderweg (Weißes R) folgen wir nach links. Gleich nach der nahen Bergrettungsstation „Auerhahn" lotst uns die Markierung rechts in den Wald und nach der Querung verschiedener Forststraßen zur Schutzhütte „Meilerstätte" (als ehemaliger Standort eines Köhlerbetriebes Zeugnis der ursprünglichen Bedeutung dieses Handwerks im Thüringer Wald). Wir überschreiten die Kreuzung gerade und gelangen zum lohnenden und panoramenreichen Kurzabstecher zum **Glöckner**. Danach verläuft die Wanderung recht abschüssig hinunter bis zur Straße und gerade über diese hinweg. Es ist nun nicht mehr weit bis zum Wanderplatz „**Schillerbuche**". Seit einigen Jahren erinnert leider nur noch ein Baumstumpf an das ehedem gewaltige Naturdenkmal. 200 weitere Meter folgen wir dem Rennsteig und biegen dann über die Straße hinweg links in Richtung „Ruhlaer Ski-Hütte" ein. Der Wald-

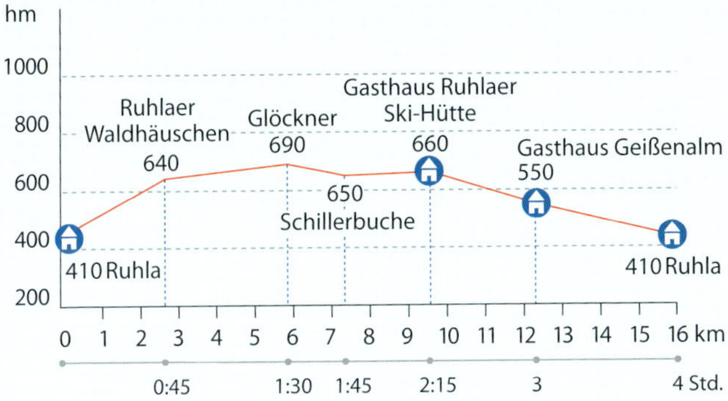

weg nähert sich der Straße und verläuft die letzten Meter erst rechts, dann links von dieser bis hin zur traditionsreichen „**Ruhlaer Ski-Hütte**". Am Wegweiser wendet sich dann unsere Route in Richtung „Geißenalm" und schwenkt nach kurzer Zeit vor der Bungalowsiedlung nach links. Am Waldrand bleiben wir auf der großen Forststraße, ignorieren bald den links abzweigenden breiten Weg und biegen erst am Richtungszeiger an der Schutzhütte links ein („Ruhla"). Vorbei an der reizvoll gelegenen Berghütte „**Geißenalm**" wandern wir weiter bergab. Geradeaus gelangen wir zu den ersten Häusern und auf der abwärts führenden Straße zur Kollwitz- sowie zur Altensteiner Straße. Auf dieser erreichen wir rechts das Zentrum von **Ruhla**.

Wanderer beim Ruhlaer Waldhäuschen.

KOMPASS INFO

Der Schmied von Ruhla
Viele Jahrhunderte bevor sich die Ruhlaer Uhrmacher mit der Herstellung qualitativ hochwertiger Chronometer einen Namen machten, kam dem Schmiedehandwerk im Tal des Erbstrom eine überaus bedeutende Rolle zu. Gefertigt wurden zunächst insbesondere Waffen, später bereicherten Messer die Produktionspalette.

In die Zeit der Einrichtung der ersten Waldschmieden in der Region verweist die Sage vom Ruhlaer Schmied, der eines Abends dem in Not geratenen Thüringer Landgraf Ludwig II. (1128 – 1172) ein Nachtlager anbot. Der Herr über die Wartburg hatte sich auf der Jagd verirrt, gab sich vor dem Schmied als einfacher Jäger aus und verbarg seine wahre Herkunft. Der Landgraf galt als sehr milder und nachgiebiger Herrscher insbesondere gegenüber seinen Vasallen, die so ungestraft das Volk mit immer höheren Abgaben belegen konnten. Der Schmied jedenfalls, ob nun die tatsächliche Identität seines Gastes ahnend oder nicht, beklagte sich im Gespräch bitter über die adeligen Untergebenen Ludwigs und bearbeitete die ganze Nacht ein großes Stück Eisen. Bei jedem Schlag mit dem Hammer rief er aus: „Landgraf, werde hart wie dieses Metall!". Wie dem auch sei, Ludwig nahm sich die Worte des Handwerkers sehr zu Herzen und regierte später über seinen Adel mit eiserner Faust – fortan wurde er Ludwig der Eiserne genannt.

Bild unten: Ruhlaer Ski-Hütte. / Bild rechts: Blick vom Glöckner.

Ruhlauer Weg
Zollstock
Rennsteig
Grebestein
575
Schmidt-Burgk-Stein
Bierweg
Wittichsquelle
Ringberg
430
Toter Mann
582
Carl-Alexander-Turm
638
Emmytempel
Förstenteich
Lappengrund
Miniaturenpark
Gömichenstein
Marienfels
RUHLA
455
Lahmberg
575
Karolinenhöhe
602
Bermerhütte
598
Bermer
410
Ascherbrück
Tiefes Tal
Hubertushaus
Emilienruhe
NP-Info
START
Wanderweg der Deutschen Einheit
Bergblick
Krötenkopf
539
Pummpälzweg
Ottowaldwiese
Ruhlaer Häuschen
Neue Wiese
Trinitusblick
Dornsenberg
614
Fürstenbr
Sallmannshäuser
Rennsteig
Höllwand
Höllkopf
646
Rote Werst
Alte Ruhl
Schanzenban
Ellequelle
Kissel
Brautborn
Dreibörnergrund
Auerhahn
Ungeheurer Grund
Alter Ringelstein
Waldhotel Kissel
613
Vogelheide
Große Meilerstätte
Nebestein
Arnsberg
647
Birkenheide
717
Goldborn
Glöckner
702
Ehrenmal
Glasbachwiese
Schweinaer Grund
Forstwirtschaftl. Erlebnispfad
Steinrutsche
Silbergrund
586
Windsberg
Christians-qu.
670
Jägerstein
Lutherdenkmal
Lutherborn
Gr. Krötenkopf
457
Kinderlehrpfad
Kutschenweg
Teufels-Wiese
Lutherweg
Mühlbergskop
KOMPASS
0
500 m

Scharfenburg
THAL
Schoßberg
Hohler Stein
469
478
Kleiner Wartberg
555
Dicelstein
Gr. Wartberg
567
Baumgartental
Dilmen
Reitzenberg
481
88
433
355
Schmerbach
Mittelberg
527
Beerberg
559
Meisenstein
Wanderhütte Königshäuschen
Vorderer Herrenweg
Thüringenweg
Fuhrsteine
Weinstraße
Eichleite
475
Winterstein
Heideköpfchen
Kahle
690
Koppe
Otterbach
Langlaufhütte
Geißenalm
Hausgrund
Thielberg
565
Knickstein
Dachslöchergraben
Emse
NSG
Reifstieg
Hintere Schwarzbachwiese
Ernst-Köhler-Weg
Schlotweg
Kleiner Dreiherrenstein
Ruhlaer Skihütte
Hohe Heide
660
Toter Mann
Breitenberg
697
Weißer Grund
Erbstromquelle
Kleiner Weißenberg
724
Alter Keller
615
Fuchshüttengrund
Emsegrund
Brotteroder
Gerberstein
728
726
Krummer Weg
Inselsberg
Kleine Hirschbalz
Kroatengrund
Trautmannswiese
769
Drehberg
754
Scharfenberg
Schnäbiger Grund
Fußweg
Großer Weißenberg
745
Dreiherrenstein
Scheffeldenkmal
Große Hirschbalz
Wanderweg der Deutschen Einheit
752
Venetianerstein
Zigeunerkopf

25. Thal – Ringberg

Der Turm des Großherzogs Carl Alexander

Ausgangspunkt: Die Kirche in Thal. Anreise auf der B 88
Bahn: nein | **Bus:** VGW-Bus L-41, L-43, L-44, L-71; RVG-Bus 840
Charakter: Durch weite Wiesen wandern wir aussichtsreich nach Mosbach, bevor uns breite Waldwege hinauf auf den Ringberg mit seinem eisernen Aussichtsturm führen
Einkehr: In Thal und Mosbach | **Karte:** KOMPASS Nr. 812

Leicht | 15,25 km | 438 hm 438 hm | 3:45 Std.

Hoch über Thal wacht die 1137 erstmals erwähnte Scharfenburg. Einsam reckt sich der Bergfried der restaurierten Ruine in den Himmel. Die ausgedehnte Wiesen- und Weidelandschaft zwischen Thal und Mosbach ermöglicht uns einen aussichtsreichen Tourenstart. Danach begleiten uns ausgedehnte Wälder hinauf zum Carl-Alexander-Turm.

Von der Kirche in **Thal**, eines der wenigen heute noch existenten Bauwerke des 1253 gegründeten Wilhelmitenklosters, gehen wir einige Meter die Straße abwärts und biegen beim Schreiberbrunnen in

KOMPASS INFO

Der Turm auf dem Ringberg
Schon 1825 wurde auf dem 639 m hohen Ringberg eine Aussichtskanzel errichtet. Der in Ruhla geborene Reiseschriftsteller und begeisterte Rennsteigwanderer Alexander Ziegler initiierte dann ein knappes halbes Jahrhundert später den Bau eines immerhin 18 m hohen Holzturmes. Benannt wurde dieser nach dem amtierenden Großherzog von Sachsen-Weimar-Eisenach Carl Alexander. Der Bauherr wie auch der Namensgeber zeichneten sich durch einen recht liberalen Geist aus und teilten ein ausgeprägtes Interesse für Kunst und Literatur. Das Bauwerk fiel allerdings schon 1896 einem Sturm zum Opfer. Nur ein Jahr später konnte der neue, gleichnamige Turm eingeweiht werden. Die 21 m hohe Eisenkonstruktion kann über 111 Stufen erklommen werden. Der Aufstieg wird belohnt durch den Blick über die endlosen Wälder des Thüringer Waldes mit dem Inselsberg, über die Hörselberge und den Hainich sowie über Ruhla und Eisenach mit der Wartburg.

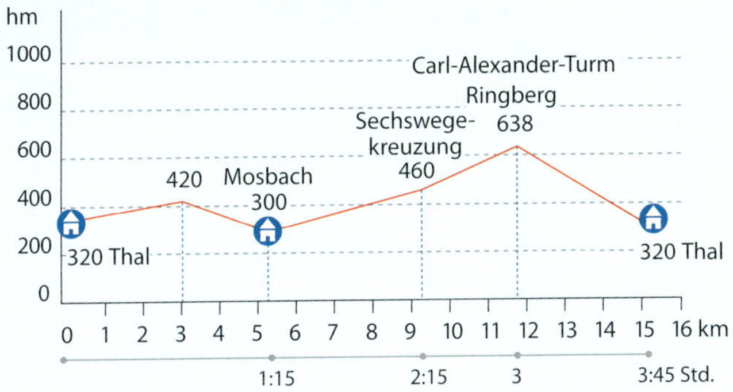

das Sträßchen Mönchsfeld ein. Ansteigend passieren wir den Abzweig zum „Spitzigen Stein“ gerade. Geradeaus geht es auch hinein in den Wald, wo wir allerdings bereits nach wenigen Schritten links erneut aufs freie Feld einschwenken (Blauer Punkt). Die Fahrspur, bald schon wieder befestigt, bringt uns zu einem tief eingeschnittenen Hohlweg. Hier biegt die Wanderung links aufwärts ein, nur um sich 100 m weiter nach rechts Richtung „Mosbach“ zu wenden. Geradewegs (Einmündungen ignorieren) erreichen wir ein Waldstück auf einer Anhöhe und schwenken vor diesem rechts abwärts. Am Betonplattenweg einen Kilometer weiter hält sich die Tour links und erreicht **Mosbach** nahe der Kirche mit der Seitz-Orgel von 1759. Wir laufen auf der Kirchstraße hinab und biegen an der Ortsdurchgangsstraße links. Beim Ortsausgangsschild wandern wir geradeaus auf der Forststraße weiter. Der breite Weg leitet uns durch den Mischwald bergan. Zwei Kilome-

Der Carl-Alexander-Turm.

Kohlberg
408
Fixer Paß
425
Heiliger Berg
Zimmerberg
367
361
260
Wutha
88
Erbstrom
368
Rehberg
Farnroda
300
Mosbach
Löbersberg
341
Wittgenstein
Kesselberg
408
Dürrenberg
453
Tropfsteinhöhle
389
Elsterberg
449
Kalkberg
406
KITTELSTHAL
Kleiner Ebe
374
Hansbachtal
Kittelsthaler Baude
430
Wanderherberge
Spitziger Stein
455
290
Weidmannsquelle
Mönchsfeld
START
Grebestein
Scharfenburg
575
Schmidt-Burgk-Stein
Bierweg
436
Heiligenstein
THAL
Witichsquelle
Schoßberg
Hohler Stein
469
Ringberg
Toter Mann
582
638
Carl-Alexander-Turm
Emmytempel
Försterteich
Lappengrund
Miniaturenpark
Gömichenstein
Marienfels
Jonasborn
RUHLA
Karolinenhöhe
602
Bermerhütte
598
Bermer
410
Breitenberg
697
Emilienruhe
Hubertushaus
NP-Info
Wanderweg der Deutschen Einheit
Bergblick
Herrenweg
Heideköpfchen
Ruhlaer Häuschen
Neue Wiese
Dornsenberg
Eislaufbahn
Fürstenbrunnen
Geßbenalm

ter nach dem Ortsausgangsschild wendet sich die Wanderung an der „**Sechswegekreuzung**" nach rechts („Rennsteig"). Wir passieren den Abzweig „Wittigquelle" gerade und biegen bald bei einer schönen Lichtung links („Alexanderturm") ein. Steil aufwärts erklimmen wir den **Ringberg** mit dem panoramen- und traditionsreichen **Carl-Alexander-Turm**. Weiter wandern wir geradeaus in Richtung „Thal", wobei die Route sich nach dem kurzen Steilabstieg links hält. Steil verläuft die Tour auch geradeaus bergab (Beschilderung „Thal") und überquert endlich bei einer Kreuzung eine Forststraße gerade. Der Weg leitet uns, zum Schluss auf Wurzelpfaden, hinunter nach **Thal**.

Thal mit Burg Scharfenburg.

26. Steinbach – Lutherdenkmal

Wo aus Luther der Junker Jörg wurde

Ausgangspunkt: Der kleine Markt im Zentrum. Anreise auf der B 88 bis Schwarzhausen bzw. auf der B 62 oder B 19 bis Barchfeld, dann nach Steinbach | **Bahn:** nein | **Bus:** VGW-Bus L-106, 133 **Charakter:** Bequeme Waldwege, teilweise auch schmale Wurzelpfade begleiten uns auf der waldreichen Wanderung | **Einkehr:** In Steinbach | **Karte:** KOMPASS Nr. 812

Leicht | 12 km | 270 hm 270 hm | 3 Std.

Im verträumten Steinbach mit seinen engen Gassen scheint die Zeit stehen geblieben zu sein. Von hier erwandern wir das Lutherdenkmal und gelangen am Rennsteig zur Schillerbuche. Der idyllische Schleifkotengrund leitet uns zurück zum Ausgangspunkt.

In **Steinbach** laufen wir vom kleinen Markt mit Café und Gasthaus in die Straße Steiger und biegen aber erst nach 300 m (!) in die Gasse Kallenbach 74-36 ein. Wir folgen der Beschilderung „Lutherdenkmal/-weg" und wandern geradeaus. Nach den letzten Häusern überquert die Route den Bach, verläuft dann aber weiter auf dem Pfad und nicht (!) auf dem Fahrweg. Noch einmal überqueren wir das Fließgewässer, stoßen dann bei einigen Häusern auf einen Asphaltweg und schwenken hier rechts ein. Aber bereits 100 m weiter biegt die Wanderung links auf einen verwachsenen Feldweg, der uns über zwei kleine Brücken zu einem Waldpfad bringt. Am nahen Teerweg wird das **Lutherdenkmal** erreicht, errichtet an der Stelle, an der der Reformationsführer am 4. Mai 1521 zu seiner eigenen Sicherheit auf die Wartburg entführt wurde. Die Route verläuft nun auf dem Asphaltsträßchen bergan, wobei uns die Markierung Grünes Dreieck zu einer großen Forststraßenkreuzung mit Wegweiser lotst. Hier halten wir uns links in Richtung „Glöckner". Am Parkplatz **Schillerbuche** (von welcher leider nur noch der mächtige Stumpf zeugt) biegen wir am Richtungszeiger rechts auf den Rennsteig (Weißes R) in Richtung „Inselsberg" ein. Der Pfad verläuft ein Stück neben der Straße, quert diese und schwenkt von ihr weg. Uns auf einem Querweg rechts haltend stoßen wir bald auf die Schutzhütte und den Wegweiser auf der **Hirschbalzwiese**. Die Wanderung biegt hier (weg vom Rennsteig) rechts in Richtung „Steinbach" ein (Grünes Viereck). Wir

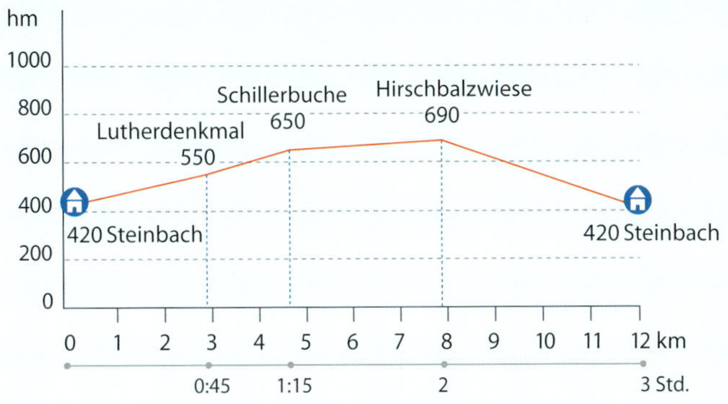

überschreiten die Straße, passieren die Steinbacher Quelle und überqueren eine große Kreuzung gerade (Markierung beachten!). Wir nutzen keine der Forststraßen, sondern wandern auf dem Messerweg im Schleifkotengrund, einem Pfad links des Baches, abwärts! Einst standen hier die Schleifwerkstätten, wo vorgefertigte Rohklingen der Steinbacher Schmiede weiterverarbeitet wurden. Der kleine Steinbach trieb die Schleifböcke an. Durch Wald und Wiese geht es auf der Spur der Kennzeichnung hinab, bis uns ein Wegweiser über die Brücke und auf den breiten Weg auf der anderen Talseite lenkt. Hier wandern wir, an der Schutzhütte vorbei, weiter bergab. Am Standort der ehemaligen Schleifmühle erreichen wir den Ortsrand und die Schanzenanlage von **Steinbach**. Dem Sträßchen Kälberzahl folgen wir schließlich hinab ins Zentrum.

Markt in Steinbach.

KOMPASS

0 500 m

Thielberg
565
Dachslöchergraben
NSG
Reifstieg
Hintere Schwarzbach-wiese
Ruhlaer Skihütte
Ernst-Kölner-Weg
Schlotweg
Emse
Kleiner Dreiherrenstein
Hohe Heide
660
Toter Mann
Breitenbe
697
Erbstromquelle
Kleiner
724
Weißer Grund
Alter Keller
615
Fuchshüttengrund
Emsegrund
Brotteroder
Gerberstein
Weißenberg
728
726
Krummer Weg
Inselsber
Kleine Hirschbalz
Trautmanns-wiese
769
Drehberg
754
Scharfenbe
Großer Weißenberg
745
Schnäbiger Grund
Fußweg
Dreiherren-stein
Scheffeldenkmal
Wanderweg der Deutschen Einheit
Große Hirschbalz
752
Venetianerstein
641
Zigeunerkopf
738
Beerberg-
Oberer Beerberg
Rennsteig
Brotte-roderhütte
Schnepfenberg
Schleifkoten-
677
Mittlerer Beerberg
Kratzers Rasen
710
Golmerskopf
684
Unterer Beerberg
Axdorf
BROTTEROD
578
Grill-platz
Gehege
715
Breitunger Rennsteig
Questenstein
Rennwegskopf
Waldschlößchen
Hammerholz
ehem. Grube Augusta
Thüringer Tal
729
Gehegewasser
Bergbau-Lehrpfad
Am Zain-hammer
Judenkopf
712
Seimberg brunnen
Hohe Klinge
531
Brotteroder
Wald
Hohe Klinge
Grill-platz
NSG
803
Seimberg

27. Schweina – Kissel

Pfeifen für alle Welt

Ausgangspunkt: Das Waldbad von Schweina. Anreise auf der B 19 bis Gumpelstadt, dann nach Schweina | **Bahn:** nein | **Bus:** VGW-Bus L-133 | **Charakter:** Wir beginnen unsere Tour beim Waldbad (Bademöglichkeit) und folgen dann breiten Waldwegen. Der letzte Aufstiegsabschnitt zum Kissel ist ziemlich steil. Genauso abschüssig geht es von der „Meilerstätte" dann wieder hinab ins Tal | **Einkehr:** In Schweina und im Waldhotel „Kissel" (Di–So) | **Karte:** KOMPASS Nr. 812

Leicht | 16,5 km | 339 hm / 339 hm | 4 Std.

Auf der waldreichen Wanderung lädt zunächst das Waldhotel „Kissel" zum Verweilen ein, bevor wie ein Stück weit dem Rennsteig folgen. Abwärts wandern wir auf dem Tabakpfeifenweg, der Ruhla und Schweina verbindet und an die einstige Bedeutung des Pfeifenschnitzerhandwerks in beiden Orten erinnert.

Im über 1000 Jahre alten **Schweina**, auf dessen Bergfriedhof auch der große deutsche Reformpädagoge Friedrich Fröbel seine letzte Ruhestätte fand, beginnen wir unsere Tour beim Wegweiser neben dem Waldbad und folgen dem Triniusweg (Blaustrich). An der Gabelung nach 500 m gehen wir der Beschilderung entsprechend geradeaus, nur um an der nächsten Verzweigung am Waldrand links zu schwenken. Kurze Zeit später biegt die Route weg von der Forststraße nach links ins Tal (Markierung!). Wir ignorieren den bald abgehenden Naturlehrpfad und achten in der Folge bei Verzweigungen auf die Beschilderung „Triniusweg" und die entsprechende Kennzeichnung. Unterwegs passiert die Tour die Schutzhütte „Silberpfad" und beginnt bald danach steiler anzusteigen. Schließlich erreicht sie einen Asphaltweg, folgt ihm aufwärts und stößt auf das nahe **Waldhotel „Kissel"**. Gleich neben einem leider verfallenden Haus führt der Triniusweg als steiler, ruppiger Waldweg den Hang hinauf. Stark ansteigend erklimmen wir den **Kissel** (Schutzhütte) und gehen nun ebener geradeaus weiter. Bei guter Sicht wird man von der Anhöhe hinter der Hütte mit einem Blick auf die mächtige Wartburg belohnt. Über den eigentlichen Gipfel hinweg wan-

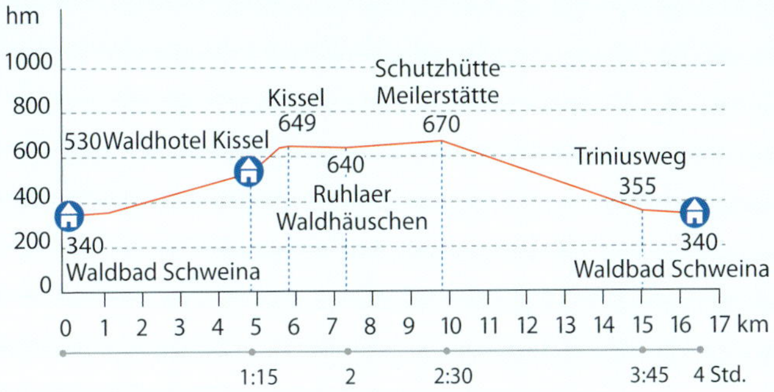

dern wir nun auf und ab bis zur **Schutzhütte „Ruhlaer Waldhäuschen"**. Die Tour verlässt hier den Triniusweg und folgt dem Rennsteig rechts in Richtung „Inselsberg" (Weißes R). Die Kennzeichnung leitet uns vorbei an der Bergrettungsstation Auerhahn und rechts hinein in den Wald. Der Pfad verläuft in der Nähe verschiedener Forststraßen und erreicht dann Kreuzung und **Schutzhütte „Meilerstätte"**. Wir verlassen hier den Rennsteig und biegen rechts Richtung „Schweina" ein. Der Grüne Punkt lotst uns gleich an der ersten Verzweigung nach 300 m nach links. 2 km weiter stößt unsere Route auf eine große, beschilderte Sternkreuzung. Bei der Schutzhütte schwenkt sie hier scharf rechts ein. Wir folgen der Wegmarkierung im Tal der Schweina abwärts und wandern damit auf dem Tabakpfeifenweg, der die einstigen Zentren der Pfeifenherstellung Ruhla und Schweina verbindet. Nach langem Abstieg mündet endlich der **Triniusweg** von rechts auf unsere Wanderstrecke. Auf bekanntem Wege erreichen wir den **Ausgangspunkt**.

Das Panorama bei der Großen Meilerstätte.

Etterwinden
Eisenberg
442
Ascherbrück
Tiefes Tal
Flachsgrund
407
Mörsche Kuppe
Klassikerstraße
Krötenkopf
539
Pummpälzweg
Ottowaldwiese
Kisseleiche
386
Sallmannshäuser Rennsteig
Höllwand
Höllkopf
Ellequelle
Neuer Ringelstein
Alter Ringelstein
Kissel
Brautborn
410
Kähnhauk
Dreibörnergrund
Alter Ringelstein
Waldhotel Kissel
Vogelheid
19
NSG
Arnsberg
647
Schweinaer Grund
Forstwirtschaftl. Erlebnispfad
Waldfisch
Heiligenberg
364
Silbergrund
Moorgrund
Pummpälzweg
Christians
Erbachsmühle
Kuhteich
Gr. Krötenkopf
457
NSG
Alte Warth
Schnepfengründchen
Erbach
Schweina
Gumpelstadt
280
Glünn
START
Moorbach
19
Luthergrund
Holundertal
Lutherweg
Schloss Glücksbrunn
Pummpälzweg
Schweina

0 500 m

Breitenberg
697
Bermer
Bermerhütte
602
598
410
Emilienruhe
NP-Info
Bergblick
Wanderhütte
Königshäuschen
Thüringenweg
Vorderer
Herrenweg
Fuhrsteine
Heide-
köpfchen
Kahle
690
Koppe
Eislauf-
bahn
Geißenalm
Hausgrund
Dornsenberg
614
Fürstenbrunnen
Triniusblick
Rote
Werst
Alte Ruhl
Schanzenband
Mühlrain
Reifstieg
NSG
Hintere
Schwarzbach-
wiese
Ruhlaer
Skihütte
Rennsteig
Ungeheurer
Grund
Kleiner
Dreiherrenstein
Große
Meilerstätte
Nebestein
Goldborn
Glöckner
717
702
Ehrenmal
Glasbachwiese
Schiller-
buche
Erbstromquelle
Kleiner
724
Weißenberg
726
Gerberstein
728
Wüstung
Glasbach
Kleine
Hirschbalz
Kroatengrund
586
Großer
Weißenberg
745
Dreiherrenstein
Jägerstein
670
Luther-
denkmal
Lutherborn
Große
Hirschbalz
Scheffeldenkmal
Teufels-
Wiese
Kutschenweg
Mühlbergskopf
Lutherweg
641
Luisental
Scharfenberg
542
Schleifkotengrund
Schnepfenberg
677
Schleifkoten-
grundschanze
Krätzers
Rasen
710
Schloss
Altenstein
Golmerskopf
684
Unterer Beerberg
466
Glücksbrunn
Altensteiner
Höhle
Erz
Breitunger
Rennsteig
Buchenstein
Steinbach
Frauenberg
Rennwegskopf

28. Ruhla – Eisenach

Auf dem Rennsteig zur Wartburg

Ausgangspunkt: Das Tabakpfeifenmuseum in Ruhla. Anfahrt auf der B 88 bis Thal, dann nach Ruhla | **Bahn:** Ruhla: nein; Eisenach: u. a. ICE-Strecken Düsseldorf–Berlin und Dresden–Frankfurt/Main | **Bus:** Ruhla: VGW-Bus L-41, L-43, L-44, L-71; Eisenach: weites Regionalnetz durch VGW-Busse | **Charakter:** Zunächst folgt die Streckenwanderung dem breiten Rennsteig, bevor wir auf schmalerem Pfad nach Eisenach absteigen **Einkehr:** In Ruhla, im „Hubertushaus“ (täglich), am Imbiss „Zur Goldenen Sonne“, sowie dem Gasthaus auf der Sängerwiese (Mi–So) und in Eisenach | **Karte:** KOMPASS Nr. 812

Leicht | 18 km | 300 hm 495 hm | 4:30 Std.

Der Rennsteig verbindet die gediegene Fachwerkstadt Ruhla mit der mächtigen und geschichtsträchtigen Wartburg sowie der Metropole Eisenach mit ihren zahlreichen Sehenswürdigkeiten.

Beim Tabakpfeifenmuseum in **Ruhla** laufen wir auf der Dornsengasse gegenüber bergan bis zum Wanderparkplatz „Ententeich“. 200 m hinter diesem verlassen wir den Asphaltweg in einer Rechtskurve und gehen geradeaus in den Wald (Gelbes Viereck). Ansteigend gehen wir auf dem breiten Weg am Abzweig „Triniusblick“ vorüber, überqueren die anschließende X-Kreuzung gerade und stoßen 500 m weiter bei der Schutzhütte „**Ruhlaer Waldhäuschen**“ auf den Rennsteig. Unsere Wanderung folgt diesem nach rechts in Richtung „Hörschel“ (Weißes R). Diese Markierung leitet uns nach einiger Zeit unweit des **Gasthauses „Hubertushaus**“ zur Straße, die wir überqueren müssen. Stets geradeaus und auf bequemen Wege passieren wir die **Schutzhütte „Zollstock**“. Streckenweise verläuft der Fernwanderweg als Pfad neben der Forststraße. Die Überquerung der B 19 beim **Wanderparkplatz „Hohe Sonne**“ kündigt auch die Möglichkeit zur Einkehr im Imbiss „Zur Goldenen Sonne“ an. Direkt daneben lotst uns das Weiße R weiter in Richtung „Hörschel“. (Beim Abzweig rechts hinab in die Drachenschlucht bietet sich uns ein schöner Blick auf die Wartburg.) Wir gehen jedoch zunächst geradeaus und halten uns an einer Gabelung 750 m weiter links. Achtung: 500 m nach der

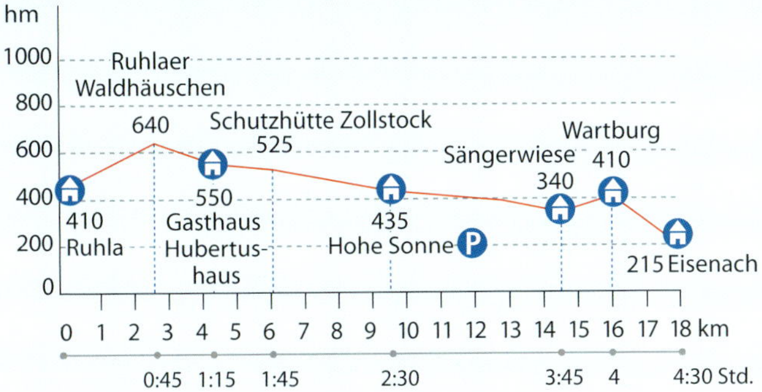

Schutzhütte „Krumme Kahre" folgen wir dem Wurzelpfadverlauf des Rennsteigs hinauf zur Schutzhütte „Wilde Sau" bei einem wunderbaren alten Kreuz. Möglicherweise wurde dieser älteste datierte Stein am Rennsteig (1483) als Sühnekreuz an der Stelle eines tragischen Jagdunfalls gesetzt. Hier verlassen wir den Fernwanderweg und gehen auf dem schmalen Pfad (eben nicht dem Rennsteig) bergab (Markierung: E2, Rotes Dreieck). Nach wenigen Schritten durchschreiten wir ein Holzgatter und laufen geradeaus. Die Kennzeichnung leitet uns hinab zum Wegweiser „Stern", wo die Route geradewegs weiter zur **Sängerwiese** mit dem gleichnamigen Gasthaus verläuft. Wir setzen die Wanderung gerade („Wartburg") fort und behalten diese Richtung bei (An einer markanten Gabelung nicht links biegen.). Nahe der **Wartburg** öffnet sich der dichte Blättervorhang plötzlich und unvermittelt ragt die 1067 von Ludwig dem Springer errichtete Feste hoch über uns in den Himmel. Endlich erreicht unsere Wanderung auch das Tor des spektakulären Bauwerks (Blaues Kreuz). Später gehen wir auf dem Fußweg hinab zur Eselstation und von dort auf breitem Wege Richtung „Markt"; an der Gabelung rechts: Blaues Kreuz, Jacobsmuschel. Über den Schlossberg, den Predigerplatz und die Untere Predigergasse gelangen wir zum Markt von **Eisenach**.

Fachwerkimpression in Ruhla.

KOMPASS

0 500 m

Mosbach
Hohe Sonne
430
Hirschstein
Hochwald grotte
Dürrenberg
453
Pummpälzweg
Prinzessinsteig
Hangsteine
Hansbachtal
Weinstraße
Rennsteig
Weidmannsquelle
Grebestein
575
Schmidt-Burgk-Stein
Zollstock
Ruhlauer Weg
Toter Mann
582
Försterteich
Lahmberg
575
455
Ascherbrück
Tiefes Tal
Kesselberg
408
389
Elsterberg
449
Kalkberg
406
KITTELST
430
Kittelsthaler Baude
Spitziger
455
Mönchste
Bierweg
430
Wittichsquelle
Ringberg
638
Carl-Alexander-Turm
Emmytempel
Miniaturenpark
Lappengrund
Gömichenstein
Marienfels
RUHLA
410
Breite
697
Karolinenhöhe
602
Bermerhütte
598
Bermer
Emilienruhe
Hubertushaus
NP-Info
START
Bergblick
Wanderweg der Deutschen Einheit
Krötenkopf
539
Pummpälzweg
Ottowaldwiese
Ruhlaer Häuschen
Neue Wiese
Triniusblick
Dornsenberg
614
Fürstenbrunn
Höllkopf
646
Höllwand
Sallmannshäuser Rennsteig
Elleduelle
Rote Werst
Alte Ruhl
Schanzenband
Mühlrain
Kissel
Brautborn
Auerhahn
Rennsteig
Ungeheurer Grund
Dreibörnergrund
Alter Ringelstein
Waldhotel Kissel
613
Große Meilerstätte
Nebestein
Vogelheide
Arnsberg
Birkenheide
Goldborn
Glöckner

29. Eisenach – Drachenstein

Landgrafenschlucht, Drachensteinblick und Burschenschaftsdenkmal

Ausgangspunkt: Der Markt in Eisenach. Anreise auf der A 4
Bahn: ICE-Strecken Düsseldorf–Berlin, Dresden–Frankfurt/M.
Bus: weites Regionalnetz durch VGW-Busse | **Charakter:** Breite Wege, abschüssige Wurzelpfade und die recht enge, morastige Klamm der Landgrafenschlucht mit vielen Holzstiegen sorgen für eine abwechslungsreiche Tour. Im Stadtgebiet folgen wir ein Stück weit entlang einer Bundesstraße. Die Wanderung beginnt am Markt und endet am Bahnhof. Im Winter kann die Schlucht wegen Eises unpassierbar sein! | **Einkehr:** In Eisenach
Karte: KOMPASS Nr. 812

Mittel | 13 km | 390 hm / 380 hm | 3 Std.

Mit der mächtigen Wartburg, der engen Klamm der Landgrafenschlucht, dem grandiosen Blick vom Großen Drachenstein und dem trutzigen Burschenschaftsdenkmal vereint unsere Wanderung gleich eine ganze Reihe von Höhepunkten in und um Eisenach.

Vom **Markt** in **Eisenach** laufen wir über die Untere Predigergasse, den Predigerplatz und den Schlossberg steil hinauf (Blaues Kreuz, Jacobsmuschel) zur Eselstation an der Straße am Fuß der **Wartburg**. Von hier unternehmen wir einen Abstecher hinauf auf die spektakuläre und geschichtsträchtige Feste, für den man ausreichend Zeit einplanen sollte. Zurück an der Eselstation wandern wir in Richtung „Reuter-Wagner-Museum“ (Blauer Punkt) und wählen im Tal den markierten Weg links des Baches. Vorbei an den Hainteichen folgt die Tour dem Reuterweg abwärts, passiert das genannte Museum und überquert die Ampel. Zunächst verläuft die Route neben der B 19 stadtauswärts. Wir kommen am Prinzenteich vorbei und gehen danach auf der Wichmannpromenade parallel zur Straße (Gelber Punkt) weiter. Die Kennzeichnung leitet uns auch beim Ortsausgangsschild weiter nahe der Straße. Kurze Zeit später biegt die Wanderung jedoch am Wegweiser in Richtung „**Landgrafenschlucht**“ links ein. Mit einem Mal tauchen wir in diese großartige, zuweilen düstere Klamm ein (Grüner Punkt). Das Geräusch rieselnden Wassers ersetzt den Stadtlärm. Kleine Trep-

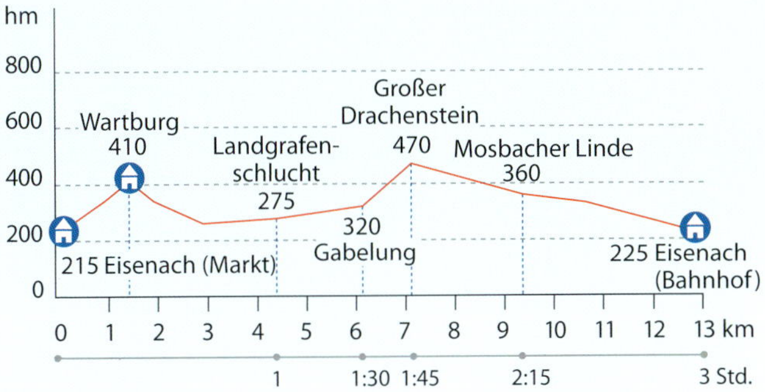

pen und Stege leiten uns durch die Schlucht, die schon seit Mitte des 19. Jahrhunderts für touristische Zwecke erschlossen worden ist. 1306 soll sich hier Friedrich der Gebissene im Kampf gegen seinen Vater, den Landgrafen Albrecht der Entartete, verborgen haben. Nach etwa 1,5 km wird eine deutliche **Gabelung** erreicht. Hier überqueren wir nicht (!) die Brücke, sondern bleiben rechts des Baches (Die Grünpunkt-Markierung ist nur schwer auszumachen.). Gleich beginnen wir in der Klamm aufzusteigen und lassen sie allmählich hinter uns. Oben überschreitet die Tour einen Fahrweg gerade und verläuft in Richtung „**Drachenstein**" weiter (Markierung: EH). Vom nahen Aussichtspunkt genießen wir eine exzellente Aussicht bis hin zum Inselsberg. Unser Pfad stößt nach kurzer Zeit auf einen breiten Weg, an dem sich die Wanderung rechts („**Mosbacher Linde**") wendet. Die gleich abzweigende Rotpunkt-Kennzeichnung wird ignoriert. Steil abwärts wandernd (EH) gelangen wir bald bei einer Schutzhütte zu dem ausladenden Baum. Zunächst geht es auf einem Wurzelpfad links weiter, wenig später auf einer Forst-

In der Landgrafenschlucht.

Stadion
Siebenbornteiche
Bf. Eisenach West
EISENACH
START
Marktpl.
Busbf.
Erbstal
215
Herrenstieg
Metil-
stein
385
363
Federkopf
84
Wartburg
410
Hainteiche
Helltal
Burschenschafts-
denkmal
Göpelskuppe
Waldschänke
GEFIL
Kleiner
Armenruhe
Elisabethengrotte
Eisenacher
Burg
378
19
Sophien-
höhe
Johannistal
Mäd-
leiche
Messeler Graben
Unkerodaer
Stein
316
Rinnberg
Steinbach
Roter Weg
Teufels-
kanzel
Silbergraben
Eliashöhle
Prinzenteich
„Phantasie"
Mariental
Ludwigsklamm
Paulinen-
höhe
Mosbacher
Linde
Katzen-
sprung
Sänger-
wiese
NSG
Pummpälzweg
Rudolfstein
Dornhecken-
weg
Herzogs-
eiche
Karolinenweg
Alte Weinstraße
EH
Arnsbe
Dorotheeneiche
Granertsköpfe
Knöpfels-
Elfen-
grotte
375
Wolfs-
löcher
Kriebreche
Königseiche
Wartburg-
berge
Rennsteig
Sommerstruth
Wilde Sau
Knöpfelsteiche
Landgrafenschlucht
Cläs-Kley-
Stein
Aschburgsweg
Mariental
Thüringenweg
Fixer
Paß
Krumme Kahre
Elsterberg
Revolutionsweg
Güldene
Pforte
Hohe Sonne
Drachenschlucht
Gr. Drachenstein
470
Kl. Drachenstein
461
Heili
Luderweg
urg-Unkeroda
340
Töpfchens-
born
Saalkopf
Kupferne
Nase
Luisen-
grotte
Wartburgpfad
Drachental
orsthaus
tchenbach
Unkenhölle
Hohe
Sonne
430
Hirschstein
Pummpälzweg
Dürrenberg
453
Lulluspfad
423
Hochwald
grotte
Karthäuserberg
Schwalbennest
Prinzessinsteig
Hangsteine
Hansbachtal
Wilhelmsthaler
See
Wilhelmsthal
Teich
Weinstraße
Rennst
Weidmannsque
Grebestein

0 500 m

KOMPASS INFO

Das Burschenschaftsdenkmal

Eines der vielen Wahrzeichen von Eisenach ist zweifellos das auf der südlich gelegenen Göpelskuppe errichtete und 1902 eingeweihte Burschenschaftsdenkmal. Auf dem Wartburgfest von 1817, genau vier Jahre nach der Völkerschlacht bei Leipzig, forderten mehr als 500 studentische Burschenschaftler vehement die deutsche nationale Einheit, ein Traum, der nach dem deutsch-französischen Krieg von 1871 in Erfüllung ging. Den in diesem Kriege gefallenen Burschenschaftlern sollte schließlich ein Denkmal gesetzt werden. Doch mit der Umsetzung des Ansinnens ging man weit über die Errichtung eines üblichen Kriegerdenkmals hinaus. Mit seiner wuchtigen Architektur und einer Höhe von 33 m soll es zugleich an alle erinnern, die am Ringen um die nationale Einheit mitwirkten.

straße. Etwa 600 m nach der Linde folgt die Route der EH-Markierung an einer Kreuzung einem Pfad nach links. Auf dem etwas holprigen Steig passieren wir die aussichtsreiche Bornemann-Bank (Wartburgblick!) und stoßen auf das gewaltige 1902 eingeweihte Burschenschaftsdenkmal mit seinem Eisenachpanorama. Die Kennzeichnung lotst uns nun hinab, wo unsere Tour bald rechts einer Kastanienallee und später der Mitzenheim-Straße folgt. Nach 800 m auf letzterer biegt die Wanderung vor einem Haus rechts hangabwärts ein. Die Wartburgallee leitet uns zum **Bahnhof**.

Aufgang zur Wartburg.

30. Hörschel – Eisenach

Von der Werra zur Wartburg

Ausgangspunkt: Startpunkt des Rennsteigs am Werraufer nahe der Kirche in Hörschel. Anreise auf der A 4 bis Eisenach oder Herleshausen, dann nach Hörschel | **Bahn:** Hörschel: Bebra–Eisenach–Gotha–Erfurt; Eisenach: ICE-Strecken Düsseldorf–Berlin und Dresden–Frankfurt/Main | **Bus:** Hörschel: VGW-Bus L-53; Eisenach: weites Regionalnetz durch VGW-Busse | **Charakter:** Aussichtsreich wandern wir auf bequemen Wegen aus dem Werratal heraus bis nach Clausberg, danach auf teils schmalem Pfad hinab nach Eisenach | **Einkehr:** In Hörschel und Eisenach sowie etwas abseits der Route im Gasthaus „Rangenhof" (Mi–So ab 11 Uhr) | **Karte:** KOMPASS Nr. 118

Leicht | 14,25 km | 340 hm 320 hm | 3:45 Std.

Vom Startpunkt des Rennsteigs am Ufer aus wandern wir durch Wiesen- und Weideland aussichtsreich auf der ersten Etappe des Fernwanderweges. Schließlich erreicht unsere Wanderung die Metropole Eisenach mit der berühmten Wartburg und vielen weiteren kulturellen Highlights.

Von der Werra in **Hörschel** weisen alle Richtungszeiger in nur eine Destination – denn an dieser Stelle beginnt der Rennsteig. Wer mag, kann von hier aus einen Kiesel bis zur Saale tragen. Wir gehen an der Kirche vorbei, hinter deren Turm die gewaltige Autobahnbrücke das Tal überspannt. Links des ehemaligen Spritzenhauses (heute das Rennsteigwanderhaus) folgt die Tour der Brautgasse, geleitet vom Weißen R. Die markante Kennzeichnung des Fernwanderweges lotst uns zunächst durch Weide- und schüttere Waldlandschaft stetig bergan. Vorbei an einer Schutzhütte mit Blick zur Wartburg und ins weite Werraland tauchen wir bald tiefer in den Wald ein. Hier wird die **Schutzhütte „Flüchtiger Hirsch"** passiert. Bei der Weggabel „Eisentor" durchschreiten wir den einstigen Standort des Tores zum DDR-Grenzsperrgebiet – der Rennsteig endete von 1972 bis 1989 hier. Wir schwenken nach rechts und gleich wieder links, obwohl der Abstecher zum nahen Gasthaus „Rangenhof" lockt. Bei einem weiteren Abzweig zu diesem Lokal überquert die Wanderung die

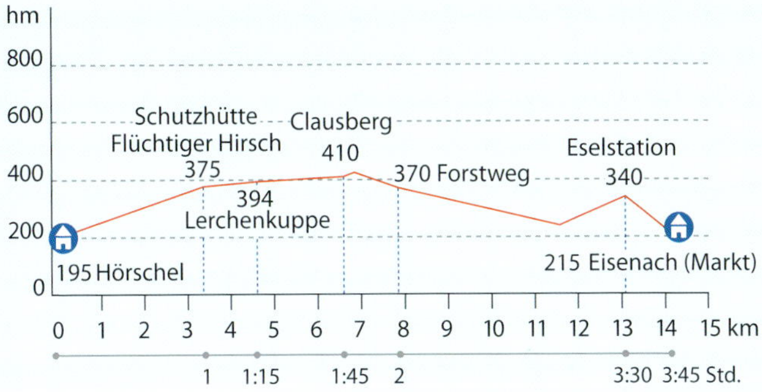

Lerchenkuppe und hält sich auf dem befestigten Weg links. Inmitten von Weiden stößt die Route auf die winzige Siedlung **Clausberg**. Hier biegen wir gleich in der ersten Rechtskurve der Asphaltstraße weg vom Rennsteig nach links in Richtung „Eisenach“ ein. An den Mehrfamilienhäusern vorbei führt die Tour noch einmal aufwärts, jedoch schwenken wir nur 100 m hinter diesen nach rechts auf den „Herrenstieg“ ein (Blauer Punkt, Grüner Strich). Auf dem Bergrücken über dem Georgenthal wandern wir abwärts, wobei auf die Kennzeichnung zu achten ist. Nach einem Kilometer Abstieg hält sich die Wanderung an einem breiten **Forstweg** links aufwärts. Achtung: Nach einem weiteren Kilometer verlassen wir den bequemen Weg in einer S-Kurve und gehen geradeaus („Herrenstieg“ – Blauer Punkt! Nicht: „Siebenborn“). Bald überschreitet die Route einen Wirtschaftsweg gerade und verläuft auf und ab (Markierung!) auf dem Höhenrücken. Schließlich geht es auf einem breiten Wege weiter. Nur ein kurzes Stück nach dem Wartburgblick gabelt sich dieser, wobei wir die rechte, abwärts führende Variante („Wartburg“) wählen. Der Pfad mündet auf einen Querweg. Unsere Route

Am Ufer der Werra beginnt der Rennsteig.

START
HÖRSCHEL
Werra
Beginn des Rennsteiges
Heimatblick
Rennsteig-Höhenradweg
Eichelberg
Kläranlage
Hörschelberg
324
Stedtfelder Berg
Rasthof Ramsberg
STEDTFELD
Holiday Inn
Hornberg
387
Tyroler Platte
Großes Borntal
Rennsteig
Borntal
Hirschkopf
Otterstein
311
Lerchenkuppe
Wanderweg der Deutschen Einheit
Kuhlenkopf
396
Wartburgpfad
Rangenhof
Bastiantal
Hans-Sachs-Kopf
343
Stiebelskuppe
448
Haflinger Hof
Clausberg
Rüsselskopf
444
Vachaer Stein
Ruppertskopf
Siebenbornquelle
EISENACH
Windtal
Georgental
Erbstal
Herrenstieg
Siebenbornteiche
Bf. Eisenach West
Karlskuppe
377
Werra-Burgen-Steig
Messeler Graben
Rinnberg
Unkeroder Stein
Steinbach
Roter Weg
Teufelskanzel
Wartburg
Helltal
Metilstein
Dorotheeneiche
Granertskö
NSG
Deubachshof
Grundbach
Großer Kamm
WARTHA
Spichra
E40
4
7
84

KOMPASS INFO

Auf Esels Rücken
Schon um 1630 wurde der Eselspfad hinauf zur Wartburg erstmals erwähnt. Sicher ist die Institution weitaus älter, denn die Burganlage oben auf dem Fels verfügt über keine Quelle. Während Belagerungen stand der Besatzung lediglich eine Zisterne zur Verfügung. Sonst transportierten Lasttiere das Wasser hinauf auf dem Berg. Vor mehr als 100 Jahren wurde schließlich auch das touristische Potential dieser Aufstiegsmöglichkeit entdeckt. Seitdem kann die Wartburg auch auf Esels Rücken erklommen werden. Zur Zeit sind Susi, Moritz, Lotte, Liesel, Moni, Bärbel, Sonja, Lore und Felix in Dienst. Die beiden letztgenannten waren 2010 schon 28 und deshalb nur noch 2 Jahre unterwegs – mit 30 geht es in Rente.

biegt hier links, unterquert die Bahnlinie und überschreitet die Straße. Kurz hinter dem Ortsausgangsschild (vor der Rechtskurve der B 84) beginnt der Eselspfad hinauf zur Wartburg (Blauer Punkt). Steil ansteigend stoßen wir an der Straße auf die **Eselstation** am Fuße der Feste. Ein Besuch der Burg ist natürlich ein unvergessliches Erlebnis. Unsere Wanderung führt weiter Richtung „**Markt**" (Blaues Kreuz, Jacobsmuschel), welcher über den Schlossberg, den Predigerplatz und die Untere Predigergasse erreicht wird.

Pferdeweide bei Clausberg.

Index